Hesse / Schrader

Die perfekte Bewerbungsmappe

kreativ
überzeugend
erfolgreich

Aktualisierte Neuausgabe

Eichborn.

Die Autoren

Jürgen Hesse, Jahrgang 1951, Diplom-Psychologe im *Büro für Berufsstrategie*, Geschäftsführer der Telefonseelsorge Berlin.
Hans Christian Schrader, Jahrgang 1952, Diplom-Psychologe am Klinikum Am Urban in Berlin.

Diverse gemeinsame Veröffentlichungen, u.a. *Das Hesse/Schrader Bewerbungshandbuch; Das erfolgreiche Vorstellungsgespräch; Optimale Bewerbungsunterlagen; Die erfolgreiche Gehaltsverhandlung; Arbeitszeugnisse; Marketing in eigener Sache; Der erfolgreiche Arbeitsplatzwechsel; Networking als Bewerbungs- und Karrierestrategie; Testtraining 2000plus; Die Neurosen der Chefs* (alle im Eichborn Verlag).

Anschrift der Autoren

Hesse/Schrader
Büro für Berufsstrategie
Oranienburger Straße 4-5
10178 Berlin
Tel. 0 30 / 28 88 57-6
Fax. 0 30 / 28 88 57-36
www.berufsstrategie.de

Verlag und Autoren bedanken sich bei den auf den Bewerberfotos abgebildeten Personen und bei den Fotografen (Regine Peter, Tel.: 030/855 34 25 und Antonius, Tel.: 030/785 50 78).

6 7 04 03

Lektorat: Waltraud Berz/Thorsten Schulte
Umschlaggestaltung: Christina Hucke
Innengestaltung: Oliver Schmitt, Mainz
Gesamtproduktion: Fuldaer Verlagsagentur, Fulda
ISBN 3-8218-1646-5

Verlagsverzeichnis schickt gern:
Eichborn Verlag, Kaiserstraße 66, D-60329 Frankfurt/Main
www.eichborn.de

Inhalt

Perfekte Bewerbungsunterlagen

Herzlich willkommen in diesem Lese- oder besser »Schau«-Buch, das Ihnen keine Vorschriften machen wird, sondern Sie ermutigen und Ihre Kreativität anregen möchte.

Das ist Ihnen bewusst: Mit der Gestaltung Ihrer Bewerbungsunterlagen entscheiden Sie darüber, ob auf Arbeitsplatz-Anbieterseite ein weitergehendes Interesse an Ihrer Bewerbung und damit an Ihrer Person entsteht. In der Konsequenz bedeutet das die Verwirklichung Ihres Ziels: eine Einladung zum Vorstellungsgespräch.

Wie erfolgreiche Kandidaten (Jahreseinkommen ab 35.000 Euro, einige deutlich über 50.000 Euro) sich in realen Bewerbungssituationen mit ihren schriftlichen Unterlagen präsentiert haben, liest sich nicht nur spannend wie ein Krimi, sondern ist auch außerordentlich lehrreich und damit unmittelbar nützlich für Sie und für die Gestaltung Ihrer Bewerbungsmappe.

Ganz neue und beeindruckende Wege der schriftlichen Selbstdarstellung werden Ihnen als Betrachter von 17 exzellenten Bewerbungs-(Beispiel-)Mappen auf den nächsten Seiten eröffnet. Jeder kann von den kreativen Ideen und den hier aufgezeigten Darstellungsmöglichkeiten profitieren und diese Vorschläge für seine eigene, ganz individuelle Gestaltung nutzen.

»Hätte ich mir diese Bewerbungsunterlagen – Anschreiben, Lebenslauf, Anlagen und weitere wichtige Korrespondenz – doch bloß schon früher ansehen können«, wird so mancher leidgeprüfte Leser denken. In den folgenden Seiten steckt enorm viel kreatives Potenzial für die von den meisten als überaus schwierig erlebte Phase der schriftlichen Bewerbung.

Sich einem anderen Menschen gegenüber mündlich angemessen darzustellen ist, wie wir alle wissen, bereits sehr schwierig. Noch viel schwerer fällt fast allen die adäquate schriftliche Darstellung eigener beruflicher und persönlicher Merkmale und Qualifikationen, wenn es um das wichtige Vorhaben der Bewerbung um einen neuen Arbeitsplatz geht.

Auf den folgenden Seiten finden Sie komplette Unterlagen von 17 Bewerbern – natürlich ohne die typischen Arbeits- und Ausbildungszeugnisse. Zwar entspricht das vorliegende Buchformat fast der Original-Din-A4-Größe der Bewerbungsunterlagen, jedoch können die Papierauswahl (Art und Farbe) und das gewählte Deckblatt und Bindesystem hier leider nicht vermittelt werden. Wir möchten aber zumindest darauf hinweisen, dass auch der haptische Eindruck (das Gefühl beim Anfassen) ein ganz wesentliches Qualitätsmerkmal einer erfolgreichen Bewerbungsmappe darstellt. Sie sind in unserem Berliner *Büro für Berufsstrategie* in Zusammenarbeit mit den Bewerbungskandidaten entstanden.

Die auf den Fotos abgebildeten Personen sind nicht mit den Bewerbern identisch. Auch alle Namen, Daten und Fakten wurden so verändert, dass Ähnlichkeiten mit real existierenden Personen rein zufällig wären. Dennoch handelt es sich hier um realistische Beispiele von Bewerbungsunterlagen, die ihre Absender beruflich weiter vorangebracht haben.

Zu jeder Unterlagen-Präsentation finden Sie unseren ausführlichen Kommentar, der sich mit den Vorteilen, aber gelegentlich auch noch verbesserungswürdigen Details auseinander setzt (bekanntlich gibt es ja nichts, was sich nicht noch verbessern ließe). Lassen Sie jedoch zunächst einmal jede einzelne komplette Bewerbungsmappe auf sich wirken, und überlegen Sie, was Ihnen besonders gefällt und warum.

Ohne überzeugende schriftliche Unterlagen bekommen Sie keinen Termin zum persönlichen Vorstellungsgespräch und damit keine Chance, den angestrebten Arbeitsplatz zu erobern. Wir zeigen Ihnen, worauf es ankommt.

Unser Motto lautet: Am schwierigsten ist es, den Wegweiser zu finden. In diesem Sinne hoffen wir, Ihnen mit diesem Buch ein Wegweiser zu sein. Wir wünschen Ihnen viel Glück.

BIRGIT MÜLLER
HASENSPRUNG 1A
14194 BERLIN (WILMERSDORF)
TELEFON: 030 / 81 282 70

ABC Maschinen GmbH
Personalabteilung
Herrn Kaiser
Wrangelstr. 28

10997 Berlin 02.05.00

Ihre Anzeige in der Berliner Morgenpost vom 30.04.2000
Sachbearbeiterin

Sehr geehrte Damen und Herren!

Hiermit beziehe ich mich auf die o.g. Stellenanzeige und übersende Ihnen meine Bewerbungsunterlagen. Ich glaube, dass ich gut Ihr Team mit meiner Person bereichern werde und möchte gerne für Sie arbeiten.

Ich denke an eine Position mit beruflicher Verantwortung, in der ich meine Kenntnisse voll nutzen und weitere Erfahrungen sammeln kann.

Ich bin ausgebildete Industriekauffrau und habe mich im Bereich Informationsmanagement weitergebildet. Langjährige umfassende Erfahrungen in Büro-Administration und selbständiger Sachbearbeitung in der Chemiebranche ergänzen mein Profil.

Zurzeit bin ich in einer vom Arbeitsamt geförderten EDV-Fortbildungsmaßnahme. Deshalb könnte ich Ihnen sehr kurzfristig zur Verfügung stehen. Weitere Details zu meinem Werdegang und meiner Person können Sie auch den beigefügten Unterlagen entnehmen.

In einem persönlichen Gespräch würde ich Sie gern davon überzeugen, dass ich vielseitig und aktiv tätig sein kann, um Ihr Unternehmen mit meiner Person zu bereichern.
Ich verbleibe

Hochachtungsvoll

Birgit Müller

Birgit Müller

PS: In der letzten Mai-Woche bin ich für 10 Tage verreist, höre aber regelmäßig meinen Anrufbeantworter ab, sodass mich Ihre Nachricht sicherlich erreichen wird.

Anlagen

 → *Kommentar Seite 12*

Lebenslauf

Persönliche Daten:

Name	Birgit Müller
Anschrift	Hasensprung 1 A 14194 Berlin (Wilmersdorf) Tel. 030/8128270
Geburtsdatum	27.09.1960
Familienstand	ledig, keine Kinder

Schulbildung

1966 – 1976	Haupt- und Handelsschule Hamburg
1976 – 1980	Ausbildung zur Industriekauffrau Hamburg
1981 – 1984	Staatliches Abendgymnasium Hamburg Abschluss: Abitur

Beruflicher Werdegang

1980 – 1984	Industriekauffrau Hamburg
10/1984 – 06/1989	Chefsekretärin Chemie AG München
07/1989 – 03/1998	Informationsmanagement Pharma Grün München
Seit 04/1998	Informationsmanagement Altvater Chemie-Werke AG Berlin

Weiterbildung

04/1989 – 03/1993	Ausbildung als staatl. geprüften Dokumentarin Anerkennungsjahr Institut für Dokumentation München

Berlin, den 01. Mai 2000

Birgit Müller
Hasensprung 1a
14194 Berlin (Wilmersdorf)
Telefon: 030 / 81 282 70

ABC Maschinen GmbH
Personalabteilung
Herrn Kaiser
Wrangelstr. 28

10997 Berlin

02.05.00

Ihre Anzeige in der Berliner Morgenpost vom 30.04.00
Sachbearbeiterin

Sehr geehrter Herr Kaiser,

in Ihrer Anzeige beschreiben Sie einen Arbeitsbereich, der mich in höchstem Maße interessiert und auch meinen Fähigkeiten und Neigungen voll entspricht.

Kurz zu meiner Person:
Ich bin ausgebildete Industriekauffrau und habe mich im Bereich Informationsmanagement erfolgreich weitergebildet. Langjährige umfassende Erfahrungen in Büro-Administration und anspruchsvoller, selbständiger Sachbearbeitung in der Chemiebranche ergänzen mein Tätigkeitsprofil.

Aktuell befinde ich mich in einer vom Arbeitsamt geförderten EDV-Fortbildungsmaßnahme und könnte Ihnen deshalb auch sehr kurzfristig zur Verfügung stehen.

Über eine Einladung zum Vorstellungsgespräch freue ich mich
und verbleibe

mit freundlichem Gruß

Birgit Müller

Anlagen

BEWERBUNGSUNTERLAGEN

BIRGIT MÜLLER

HASENSPRUNG 1A

14194 BERLIN (WILMERSDORF)

TELEFON: 030 / 812 82 70

Birgit Müller

* 27.09.1960 in Hamburg

ledig, keine Kinder

Angestrebte Tätigkeit: Sachbearbeiterin

Berufserfahrung

seit 04/1998	**Altvater Chemie-Werke AG** **Berlin** Position: Informationsmanagement Literaturrecherchen, Datenbankarbeit, Öffentlichkeitsarbeit
04/1989 – 03/1993	**Institut für Dokumentation** **München** Ausbildung u. Anerkennungsjahr als staatl. geprüfte Dokumentarin Schulung in Informationsmanagement, EDV u. Wirtschaftsenglisch
07/1989 – 03/1998	**Pharma Grün** **München** Position: Informationsmanagement Informationsplanung, Organisation, Fachkorrespondenz Erstellung von Werbemitteln
10/1984 – 06/1989	**Chemie AG** **München** Position: Chefsekretärin
1980 – 1984	**Industriekauffrau** **Hamburg**

Schul- und Berufsausbildung

1981 – 1984	**Staatliches Abendgymnasium** **Hamburg** Abschluss: Abitur
1976 – 1980	**Ausbildung zur Industriekauffrau** **Hamburg**
1966 – 1976	**Haupt- und Handelsschule** **Hamburg**

→ *Kommentar Seite 12*

Sprachkenntnisse

sehr gute Englischkenntnisse in Wort und Schrift
gute Orthografie-, Interpunktions- und Grammatikkenntnisse der deutschen Sprache (alte und neue Rechtschreibung)
Korrespondenzerfahrung

EDV-Erfahrung

Textverarbeitung mit Word
Tabellenkalkulation mit Excel

Kurzschrift

gute Stenografiekenntnisse und schreibtechnische Fertigkeiten

Führerschein

Klasse 3

Engagement

Mitglied im Naturwissenschaftlichen Verein Berlin

Interessen

Wandern, Literatur des Bethel-Kreises

Zu meiner Person

Mein Lebenslauf steht für kontinuierliche Weiterbildung, Leistungsbereitschaft und Lernfähigkeit. Das Abitur am Abendgymnasium und die Qualifizierung zur Dokumentarin belegen dies.

Ich verfüge über fundierte Erfahrungen in den Bereichen Organisation und Administration. Zu betonen sind meine guten Sprachkenntnisse und deren Anwendungssicherheit.

Die Arbeit hat in meinem Leben, da ich Single bin, einen besonderen Stellenwert, so dass Arbeitsaufgaben für mich eine wichtige Rolle spielen. Ich würde mich sehr gern mit vollem Engagement der von Ihnen beschriebenen Aufgabe widmen.

Berlin, 1. Mai 2000

Birgit Müller

Zu den Unterlagen von Birgit Müller

1. Version

Wie schlicht dieses erste **Anschreiben** und der einseitige **Lebenslauf** sind, erschließt sich nicht erst, wenn man beide mit der 2. Version verglichen hat. Trotzdem: Die Anrede »Sehr geehrte Damen und Herren« ist ein schlimmer Fehler, insbesondere dann, wenn offensichtlich ein Ansprechpartner bekannt ist (Herr Kaiser). Aber auch die langweilige Standarderöffnung (»Hiermit bewerbe ich mich …«) ist nicht empfehlenswert.

»Ich glaube …«, »Ich denke …«, »Ich bin …« sind Satzanfänge, die in dieser Form ein weiteres Lesen kaum wahrscheinlich werden lassen. Die Stilblüte zum Abschluss (»… mit meiner Person bereichern«) wird nur noch durch das altmodische »Hochachtungsvoll« getoppt. Aber auch die maschinenschriftliche Wiederholung des Namens sowie das »PS« sind gute Beispiele, wie man es *nicht* machen sollte.

Der kurze, einseitige **Lebenslauf** mit dem viel zu kleinen **Foto** löst keine Neugier auf die Bewerberin aus. Die Form ist einfach zu schlicht, zu langweilig. Hinzu kommt die Frage, was die Kandidatin aktuell eigentlich macht. Auch die Formulierung »Berlin, den 01. Mai 2000« schreibt man so nicht mehr, und man vergisst auch nicht zu unterschreiben. Aber aus Fehlern lernen wir. Alles in allem: Der Misserfolg dieser Bewerbung ist garantiert.

2. Version

Ein angenehm kurzes **Anschreiben** verdeutlicht, dass die Bewerberin sich auf eine Anzeige meldet, ohne vorab telefoniert zu haben (leider!). Da sie der Anzeige aber den Namen entnehmen konnte, ist eine direkte Ansprache trotzdem möglich. Die Kandidatin stellt sich kurz vor und schließt selbstbewusst (ohne Konjunktiv) mit der Formulierung »… auf eine Einladung freue ich mich.« Insgesamt ein gut und ansprechend gestaltetes Anschreiben, das bestimmt positive Aufmerksamkeit weckt. Ob die Bewerberin bereits hier mehr zu ihrem aktuellen Status (arbeitslos oder ihr Alter) hätte mitteilen sollen, kann kontrovers diskutiert werden. Die gewählte Präsentationsform löst bestimmt Interesse aus. Obwohl sich die Kandidatin offensichtlich aus der Arbeitslosigkeit (bzw. Fortbildung) heraus bewirbt, hat sie eine interessante Vortragsform gefunden und umgeht auf den nachfolgenden Seiten dieses problematische Thema recht elegant.

Die grafische Gestaltung (**Deckblatt** – konsequente Fortsetzung des Briefkopfes) ist auf den folgenden Seiten sehr ansprechend gewählt, einfallsreich und gleichzeitig übersichtlich. Das fast quadratische Fotoformat ist ein echter »Hingucker«. Jetzt sehen wir mehr, und das **Foto** (mit Hintergrund Türrahmen) beschäftigt den Betrachter schon etwas länger. Die gezeigte Körperhaltung strahlt Kraft, Energie aus.

Beachten Sie auch, dass der Kopf ein weinig »angeschnitten« ist. Wir haben hier noch eine Alternative. Welche bevorzugen Sie?

Alternativbild *zu den Bewerbungsunterlagen von Birgit Müller. Vergleichen Sie dazu die* ***Bewerbungsfotos*** *auf* ***➔ Seite 7*** *und* ***➔ Seite 9.***

Die für die **berufliche Entwicklung** gewählte knappe Präsentationsform kommt ohne die traditionelle Überschrift »Lebenslauf« aus (bravo!) und beinhaltet ein gutes Maß an Information. Die Themenabfolge »Beruf« (inklusive Weiterbildung) – »Schule« – »Berufsausbildung« überzeugt sofort. Die besonderen Kenntnisse und Fähigkeiten werden vielleicht sogar »einen Tick« zu massiv dargestellt bzw. wiederholt. Die Abschnitte »Engagement« und »Interessen« führen sicherlich zu Nachfragen, und das unten angefügte Statement ist nicht nur außergewöhnlich, sondern auch ein guter Grund für eine Einladung. Natürlich fehlen hier im Buch aus Platzgründen das Anlagenverzeichnis sowie alle weiteren »Beilagen«.

Einschätzung

Ein sehr gutes Auftaktbeispiel.

Rosemarie Langner
Schlüterstraße 55
53757 St. Augustin

St. Augustin, den 10.07.2000

GeoÖko-Wasserbau GmbH
Herr Lutz Lauterbach
Am Brunnenweg 75

56626 Andernach

Bewerbung

Sehr geehrter Herr Lauterbach!

Hiermit erhalten Sie, wie am Telefon besprochen, meine Bewerbungsunterlagen.

Ich habe langjährige Berufspraxis und gute Fähigkeiten im Umgang mit Kunden und Mitarbeitern. Ich war lange Ausbilderin für Bürogehilfen und Industriekaufleute sowie Dozentin beim Stenografenverein Hattingen.

Gern möchte ich meine kaufmännischen Erfahrungen aus meinem Berufsleben, vor allem in Buchführung, BWL und Personalwesen sowie über die Import- und Exportbestimmungen, in Ihr Unternehmen einbringen und zukünftig tatkräftig zum Erfolg des Unternehmens beitragen.

Deshalb würde ich mich freuen, wenn Ihnen meine Bewerbung zusagt und Sie mir einen persönlichen Vorstellungstermin einräumen würden.

Bis dahin verbleibe ich

mit freundlichem Gruß

Rosemarie Langner

<u>Anlagen</u>
Bewerbungsmappe

LEBENSLAUF

Name:	Rosemarie Langner
Anschrift:	Schlüterstraße 55 53757 St. Augustin
Geboren:	16. März 1948
Familienstand:	verheiratet, 2 Kinder
Schulbildung:	5 Jahre Volksschule Hattingen 3 Jahre Realschule Hattingen Durch die vorgenannte Schulbildung ein dem Hauptschulabschluss gleichwertiger Bildungsabschluss gemäß Bescheinigung vom 13. Juli 1981 1 Jahr private Handelsschule in Bochum 3 Jahre Verbandsberufsschule Ennepe-Ruhr-Nord, Hattingen
Berufsausbildung:	3 Jahre kaufm. Lehre bei der Firma Hans Schmidt KG, Hattingen Abschluss: Kaufmannsgehilfenprüfung 2. März 1966 vor der IHK zu Bochum
Berufsausübung:	April 1966 bis 30. Juni 1968 kaufm. Angestellte bei der Firma Schulze & Mayer, Papier- und Kunststoffverarbeitung, Düsseldorf Juli 1968 bis 31. August 1968 kaufm. Angestellte bei der Firma Baumann Bauunternehmung, Darmstadt September 1968 bis 28. Februar 1969 kaufm. Angestellte bei der Firma Brosche, Gold- und Silberwaren-Großhandlung, Darmstadt März 1969 bis 31. Dezember 1971 kaufm. Angestellte bei der Firma Leopold Gotthardt KG, Hattingen

Seite 1 von 3

→ *Kommentar Seite 23*

Anfang Januar 1972 zog ich dann nach
Münster und war dort bis zum 31. März 1973
Hausfrau.

April 1973 bis 30. Juni 1975
kaufm. Angestellte bei der Ventilatorenfabrik
Münster, luft- und wärmetechnische Anlagen.

Juli 1975 bis 31. März 1979
Kontoristin bei der Härterei ULG GmbH & Co. KG,
Witten

April 1979 bis 31. März 1984
Schreibdienstleiterin bei der
Ferdinand Müller GmbH, Lebensmittelbetrieb
Hattingen

April 1984 bis 30. Juni 1986
Sekretärin/Assistentin der Geschäftsführung
der Oxigon Salur GmbH, Düsseldorf,
einer Niederlassung eines auf der ganzen
Welt vertretenen kanadisch-französischen
Unternehmens

Juli 1986 bis 31. Juli 1986
bei der Firma DIS – Deutscher Interim
Service, Dortmund, als Leiharbeiterin

Seit dem 01. August 1986 als Sekretärin bei
der Gustav Stark & Söhne – Deutsche
Wasserbau GmbH, Mühlhausen

Nach der Fusion mit der STG – Stein und
Tiefbau GmbH, Recklinghausen, seit dem
31. März 1987 tätig als Einkaufssachbearbeiterin

Durch die Verlegung des Einkaufs zu unserer
Muttergesellschaft nach Dortmund ab
01. Januar 1988 Assistentin/Sekretärin des
Verkaufsleiters sowie Sachbearbeiterin für
die verbliebene Materialwirtschaft

Seite 2 von 3

Rosemarie Langner – Schlüterstraße 55 – St. Augustin – Tel. 0231 / 77553399

Ab 1993 durch Ausscheiden des Vorgesetzten selbständige Sachbearbeiterin für den Vertrieb

Von Anfang 1997 bis 31. Oktober 1997 zusätzlich Sachbearbeitung im Baueinkauf

Zusätzliche Kurse:	Stenografie- und Maschinenschreiben
	Ausbilder-Eignungsprüfung
	Fachlehrer-Studium „Maschinenschreiben“
	div. Computer- und PC-Lehrgänge
	Englischkurse
	Seminare Export-/Importbestimmungen

St. Augustin, 10.07.2000

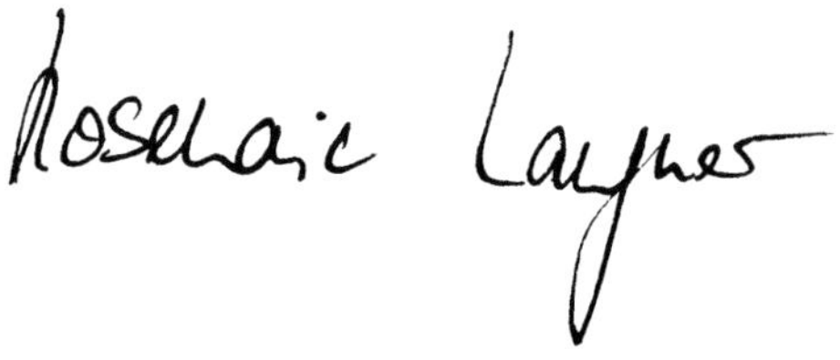

→ *Kommentar Seite 23*

Rosemarie Langner Schlüterstraße 55 53757 St. Augustin Tel.: 0231 / 77553399

GeoÖko-Wasserbau GmbH
Herrn Lutz Lauterbach
Am Brunnenweg 75
56626 Andernach

St. Augustin, 10.07.2000

Bewerbung als Marketing- und Vertriebsmitarbeiterin

Sehr geehrter Herr Lauterbach,

ich beziehe mich auf unser Telefonat vom 05. Juli und danke Ihnen für die informativen Ausführungen zu Ihrer Unternehmensphilosophie. Wie besprochen schicke ich Ihnen heute meine vollständigen Bewerbungsunterlagen.

Meine Erfahrungen aus meiner Berufspraxis decken sich mit Ihren fachlichen Anforderungen. Ebenso können Sie von mir gute Fähigkeiten im Umgang mit Mitarbeitern sowie Kunden erwarten, welche ich nicht zuletzt durch meine pädagogische Tätigkeit in meiner langjährigen Ausbilderpraxis erworben habe.

Aufgrund meiner beruflichen Aktivitäten in unterschiedlichen Bereichen bin ich kommunikationsstark, verantwortungsbewusst und habe große Freude an abwechslungsreichen Einsätzen. Umfangreiche Kenntnisse in Buchführung, Betriebswirtschaftslehre und Personalwesen gehören ebenso zu meinem Profil wie fundiertes Wissen über die Import-/Exportbestimmungen.

Nach dem erfolgreichen Abschluss meiner Weiterbildung Ende Juli fühle ich mich um so mehr befähigt, meinen persönlichen Leistungsbeitrag zur europäischen Vertriebspolitik in Ihrem Unternehmen beizusteuern.

In einem weiteren, persönlichen Gespräch möchte ich Ihnen gerne einen noch umfassenderen Eindruck von mir vermitteln und freue mich auf Ihren Terminvorschlag.

Mit freundlichen Grüßen

Rosemarie Langner

Anlagen

 → *Kommentar Seite 23*

Rosemarie Langner Schlüterstraße 55 53757 St. Augustin Tel.: 0231 / 77553399

BEWERBUNGSUNTERLAGEN

als

Verkaufssachbearbeiterin

für

Herrn Lutz Lauterbach

von

GeoÖko-Wasserbau GmbH
Am Brunnenweg 75
56626 Andernach

→ *Kommentar Seite 23*

Lebenslauf

zu meiner Person

Rosemarie Langner
geboren am 6. Februar 1948 in St. Augustin
verheiratet / deutsch / evangelisch

angestrebte Position

Marketing- und Vertriebsmitarbeiterin

---

beruflicher Werdegang

11/98 – heute

Auszeit für meine berufliche Fortbildung
im Marketing und Vertriebsbereich
- Direktmarketing/Kundenakquisition
- Produktmarketing/Vertrieb
- Europäische Vertriebsformen

07/86 – 10/98

Gustav Stark & Söhne
Deutsche Wasserbau GmbH, Mühlhausen

- Sekretärin
  für 4 Abteilungsleiter der technischen Geschäftsleitung
- Einkaufssachbearbeiterin
  für Magazinmaterialien, Drucksachen, Büromaterial
- Assistentin des Verkaufsleiters und Sachbearbeiterin Materialwirtschaft
  Schwerpunkt: Verkauf Wasserbau-Produkte
- Eigenverantwortliche Verkaufssachbearbeitung inkl. Abwicklung der Import/Exportgeschäfte, Organisation der Fertigung und Auslieferung durch die 6 Mitarbeiter der Werkstatt, Mitarbeiterkoordination und Arbeitszeit-/Urlaubsplanung, Kundenbetreuung, Inventur- und Bestandsüberwachung, Materialdisposition für die Produktion
- Verkaufs-, Einkaufs- und Materialwirtschafts-Sachbearbeitung, zusätzliche selbständige Beschaffung aller Materialien, die von diversen Bereichen der Bauabteilung benötigt wurden

04/84 – 06/86	Oxigon Salur GmbH, Düsseldorf Niederlassung eines weltweit operierenden kanadisch-französischen Pharmaindustrieanlagenbauers • Assistentin des Geschäftsführers
04/79 – 03/84	Ferdinand Müller GmbH, Hattingen Zentrale eines Lebensmittelfilialbetriebes • Schreibdienstleiterin Personalverantwortung für 7 Mitarbeiterinnen, Ausbildung von Bürogehilfinnen, Unterricht in Maschinenschreiben und Stenografie
04/66 – 03/79	verschiedene Anstellungen in produzierenden, mittelständischen Unternehmen als Kontoristin und kaufmännische Angestellte

---

schulische und berufliche Ausbildung

1963 – 1966	kaufm. Ausbildung Industriekaufmann mit IHK-Abschluss
1963 – 1966	Verbandsberufsschule Ennepe-Ruhr-Nord, Hattingen
1954 – 1963	Volksschule/Realschule, St. Augustin Private Handelsschule Andresen, Montabaur

---

Weiterbildung

seit 11/1998	Fortbildung zur Marketing-/Vertriebsassistentin Abschluss 07/2000 Schwerpunkt: Direktmarketing/Kundenakquisition Produktmarketing/Vertrieb Europäische Vertriebsformen
1994	Weiterbildung Windows NT/Word/Excel
1992 – 1993	Weiterbildung Export/Import-Bestimmungen
1982	Lehrgang „Programmierte Textverarbeitung“
1981 – 1982	Fachlehrer-Studium „Maschinenschreiben“
1967 – 1968	Abschlussprüfung Stenografie und Maschinenschreiben

 → *Kommentar Seite 23*

Sonstiges

Sprachen	Englisch in Wort und Schrift Intensivkurs 09/94 – 12/97
EDV	Windows NT und 98, Word und Excel
Ausbildung	Ausbilder-Eignungsprüfung für die Ausbildung in den kaufmännischen Berufen Bürogehilfin und Industriekaufmann/-frau
Unterricht	als Dozentin beim Stenografenverein e.V. Hattingen bis 1997
Hobbys	Mitglied im Verein für angewandte deutsche Sprache. Für den Verein verantworte ich die Öffentlichkeitsarbeit und die Kassenprüfung. Ich organisiere Lesungen und Gesprächsrunden. Lesen und Reisen

---

Beruflich ... **biete ich Ihnen meine Erfahrungen für**

- Aufgaben im Vertrieb, des Marketing und der Koordination von innerbetrieblichen Abläufen sowie zur marktgerechten Unternehmensdarstellung
- Voll- oder Teilzeitbeschäftigung
- freie oder feste Mitarbeit

Ich bin eine flexible und zuverlässige Mitarbeiterin. Durch meine lange Berufs- und Lebenserfahrung sowie Ausbilderbefähigung bin ich im Umgang mit Menschen diplomatisch und sicher. Ausdauernd und stets hoch motiviert erschließe ich mir neue Aufgabenstellungen, um sie im Sinne der vereinbarten Unternehmensziele erfolgreich zu lösen.

St. Augustin, 10. Juli 2000

Rosemarie Langner

 → *Kommentar Seite 23*

Anlagen

Arbeitszeugnisse

Gustav Stark & Söhne – Deutsche Wasserbau GmbH, Mühlhausen
Oxigon Salur GmbH, Düsseldorf
Ferdinand Müller GmbH, Hattingen

Weiterbildungen

Berlitz School
Inlingua Sprachschule
Bildungsforum, Moers
Industrie- und Handelskammern in Münster und Gelsenkirchen
Institut für Bürowirtschaft, Düsseldorf

Schulzeugnisse

Kaufmannsgehilfenbrief

 ➔ *Kommentar Seite 23*

Zu den Unterlagen von Rosemarie Langner

1. Version

Die schlichte Briefkopfgestaltung, ein antiquierter Start (Ausrufezeichen nach persönlicher Anrede und »Hiermit ...«-Anfang) sowie ein recht knapper **Anschreibetext** enden mit einem doppelten »würde« und lassen nichts Gutes erahnen. Immerhin: Hier wurde vorab telefonisch Kontakt aufgenommen. Auch die Grußformel (wieder sehr sparsam: nur ein Gruß), der maschinenschriftlich wiederholte (immerhin) Vor- und Zuname und der Hinweis auf die Bewerbungsmappen-Anlage verstärken die Unlust, sich mit dieser »Kandidatur« weiter, geschweige denn länger, zu beschäftigen.

So negativ voreingenommen bietet der so genannte **Lebenslauf** genug Anlässe, sich gegen die Kandidatin zu entscheiden – trotz der hübschen Titel- wie Fußzeile, die dann auch noch auf der dritten Seite «verloren« geht. Sehr akribisch erfahren wir unwichtige und ältere Details; die Folge ist Langeweile bis zur letzten Seite.

Und: Haben Sie nicht auch sofort mit Ihren Augen das **Foto** gesucht? Die Kandidatin muss es vergessen haben oder glaubte vielleicht, man könnte sich heutzutage noch ohne Foto bewerben.

Wie unrecht wir dieser Kandidatin tun, erleben wir bei der überarbeiteten Version.

2. Version

Die schön gestaltete Briefkopf- und Fußzeile (**Anschreiben** und **Mappe**) wird hier konsequent bis zum Ende weitergeführt. Auch die Gesamtaufteilung und die Schriftstärke überzeugen; alles macht einen gepflegten, Appetit anregenden positiven Eindruck. Darüber hinaus vermittelt das **Foto** Sympathie für die Bewerberin. Die Kandidatin hatte vorher telefoniert, und wenn auch der erste Satz der Einleitung mit »Ich ...« beginnt (nicht jedermanns Geschmack), so sind doch die weiteren Sätze des Anschreibens sorgfältig und gut formuliert. Sie lösen Interesse aus.

Das **Deckblatt** mit interessantem **Foto** (quadratisch, leicht »angeschnitten«, sehr sympathisches Lächeln) ist funktional und ansprechend gestaltet. Jetzt will man mehr wissen und freut sich schon auf die nächsten Seiten und Informationen. Was für ein Unterschied zur 1.Version. Kleine Anmerkung: »Verkaufssachbearbeitung« klingt anders als die im Anschreiben und auf der 1. Seite des Lebenslaufes angegebene Marketing-Position.

Ein interessanter Einstieg auf der ersten Seite und eine geschickte, gut übersichtliche Gliederung des beruflichen Werdeganges in amerikanischer Form (die aktuellen Infos zuerst) vermitteln einen positiven, kompetenten Eindruck von der Bewerberin. Die Darstellung der schulischen und beruflichen Ausbildung (hätte auch in der Überschrift andersherum getitelt sein können), die Weiterbildung und das Sonstige verstärken dies. Hier werden auch die Hobbys und Engagements benannt und verstärken das angenehme Gefühl, das aufgrund der letzten Angebots-Zeilen (»beruflich biete ich Ihnen ...«) schnell zum Telefonhörer greifen lässt – für eine Einladung oder ein telefonisches Vorab-Interview.

Ein **Anlagenverzeichnis**, das wir Ihnen als Betrachter an dieser Stelle zum ersten Mal vorführen, ist sehr lesefreundlich und weist die Bewerberin als gute kundenorientierte Organisatorin aus. Wir möchten es nochmals erwähnen: Aus Platzgründen zeigen wir keine Anlagen wie Zeugnisse etc. Sie würden aber den Abschluss bilden.

Einschätzung

Der Vorher-nachher-Effekt ist unverkennbar. Eine sehr ansprechende Bewerbung, die Erfolg haben muss!

Martin Malve

Martin Malve - Pflaumenbaumweg 93 - 61169 Friedberg/H.

Martin Malve
Pflaumenweg 93
61169 Friedberg/H.
06031/1234567

Grün und Klima GmbH
Objekt-/Raumbegrünung
Frau Mangold
Erlengrund 137

10237 Berlin

12. Januar 2000

Bewerbung um eine Stelle in Ihrem Hause

Sehr geehrte Frau Mangold,

nach eigener Recherche beim Fachverband für Objekt- und Raumbegrünung zu Beschäftigungsmöglichkeiten im Bereich Raumbegrünung in Berlin bewerbe ich mich heute um eine Stelle in Ihrem Hause.

Für mich ist von besonderem Interesse, meine persönlichen Vorlieben (Umgang mit Pflanzen, insbesondere Zierpflanzen und Bonsai) und fachlichen Fähigkeiten mit Engagement und Motivation in Ihrem Hause unter Beweis stellen zu können.

Die Inhalte meines Bildungsganges in Schule, Beruf und Studium sind in meinem Lebenslauf beschrieben. Ebenfalls habe ich ein Auslandspraktikum absolviert.

Da ich mich in einer persönlichen Neuorientierung befinde und meinen Wohnsitz nach Berlin verlegen möchte, suche ich einen beruflichen Einstieg, um meine branchenspezifischen Kenntnisse Gewinn bringend einzusetzen.

Sehr geehrte Frau Mangold, wie ich Ihnen bereits vorab telefonisch mitteilte, bin ich flexibel einsetzbar und daran interessiert, Neues zu lernen. Sind Sie neugierig geworden? Ein erster Schritt, uns kennen zu lernen, könnte ein persönliches Gespräch in Ihrem Hause sein. Ich freue mich darauf.

Mit freundlichen Grüßen

Martin Malve

Martin Malve

Anlagen

 → *Kommentar Seite 32*

Persönliche Daten:

Name:	Martin Malve
Geburtsdatum und -ort:	07.12.1968 in Friedberg/H.
Anschrift:	Pflaumenweg 93 61169 Friedberg/H. Tel.: 06031/1234567
Familienstand:	ledig
Staatsangehörigkeit:	deutsch

Schulausbildung:

Besuchte Schulen:	**08/1975 – 07/1979 Grundschule** Fritz-Erler-Schule Friedberg/H. **08/1979 – 07/1985 Gesamtschule** Friedberg, gymnasialer Zweig **08/1985 – 07/1988 Gymnasium** Burggymnasium Friedberg/H.
Sprachausbildung:	Englisch 08/1979 – 07/1988 Französisch 08/1981 – 03/1987
Schulabschluss:	07/1980 Abitur, Note 2,5

Zivildienst:	01.08.1988 – 31.03.1990 Hilfskraft bei der LVA Rheinprovinz Klinik Nordrhein, Bad Nauheim
Aushilfstätigkeit:	09.04.1990 – 09.07.1990 Mitarbeiter bei DIE PALME Frankfurt/M. Vorbereitung auf die Ausbildung

Berufliche Laufbahn:

Ausbildung:	01.09.90 – 10.06.92 Ausbildung zum Gärtner/Floristen bei DIE PALME in Frankfurt/M. Abschluss Gesellenprüfung „gut“
Berufstätigkeit:	11.06.92 – 30.09.93 Kaufmännischer Angestellter bei DIE PALME in Frankfurt/M. Vertrieb/Werbung
	01.09.97 – 30.11.97 Kaufmännischer Angestellter bei LENGRÜN Hydrokultur in Bergneustadt
	01.04.98 – jetzt Stellv. Leiter Vertrieb und Marketing bei LENGRÜN Hydrokultur in Bergneustadt

Hochschulausbildung:

Hochschulbesuch:	01.09.93 – 29.01.97 Fachhochschule für Gartenbau und Floristik in München, Fachbereich Objekt- /Raumbegrünung
Studienschwerpunkte:	Produktionsmanagement und Logistik Marketing/Vertrieb
Wahlpflichtfach:	Wirtschaftspolitik
Gesamtnote des Diplomzeugnisses:	1,6

Studienverlauf, Berufspraktika und praxisbezogene Tätigkeiten:

1. Semester (WS 93/94)	**Hausarbeit** zum Thema „Wertanalyse-Wesen, Bedeutung und kritische Würdigung“, Bewertung 1,5 **Hausarbeit** zum Thema „Gartenzentren, Fachmärkte in Bauhausketten in München und Umgebung – Vergleichende Typisierung, Standorteigenschaften, Entwicklungsmöglichkeiten“, Bewertung 1,5
3. Semester (WS 94/95) 24.01.95 – 03.03.95	Praktikum bei „Hydrokultura“ in Meppeln (NL) Vertriebspolitik

4. Semester (SS 95)	Praktikum bei „LENGRÜN“ in Bergneustadt (NL München) Abteilung Marketing/Vertrieb Hausarbeit zum Thema „Funktionen und Betriebstypen des Großhandels“, Bewertung 1,5
28.03.95 – 27.06.95	Freiwillige Leistung: Seminar „Strategisches Management“
04.04.95 – 27.06.95	Freiwillige Leistung: Unternehmensplanspiel „TOPIC-1“
5. Semester (WS 95/96)	
07.09.95 – 10.09.95	Freiwillige Leistung: Praxis-Seminar „Soziale Kompetenz“
01.10.95 – 29.02.96	Freiwillige Leistung: Betreuung eines Projektteams als Tutor
03.01.96 – 04.03.96	Prüfungsteil A der Diplom-Abschlussprüfungen im Studienschwerpunkt Vertriebsmanagement und Logistik, Bewertung 1,0
6. Semester (SS 96)	Prüfungsteil C der Diplom-Abschlussprüfungen (BW, RW, VW, Privatrecht)
01.03.96 – 31.07.96	Freiwillige Leistung: Betreuung eines Projektteams als Tutor
7. Semester (WS 96/97)	Prüfungsteil B der Diplom-Abschlussprüfungen (Produktionsmanagement, Logistik, Marketing/Vertrieb, Wirtschaftspolitik)
01.10.96 – 28.02.97	Freiwillige Leistung: Betreuung eines Projektteams als Tutor
17.03.97 – 30.06.97	Praktikum bei LENGRÜN Hydrokultur Abteilung Marketing/Vertrieb
Sonstige Kenntnisse/Leistungen:	**Schreibkenntnisse** Schreibmaschinenkurs der Kreisvolkshochschule Schreibmaschinenkurs bei VDO Stenografie-Grundkurs bei VDO **EDV-Kenntnisse** Erstellung von Schriftverkehr, Tabellen, Grafiken, Datenbanken und wiss. Arbeiten mit den Anwendungs-Programmen: Word, Excel, Corel Draw, dBase III plus
22.09.97 – 26.09.97	Grundlagen-Seminar „Funktions- und Datenmodellierung“
13.10.97 – 07.11.97	Grundlagen-Seminar „SAP R/3 in den Modulen MM/SD“
	Führerschein Klasse 3

→ Kommentar Seite 32

Dipl.-Ing. Martin Malve
Marketing- und Vertriebsassistent

Pflaumenbaumweg 93
61169 Friedberg/H.
Tel.: 06031/1234567

Grün und Klima GmbH
Objekt-/Raumbegrünung
Frau Mangold
Erlengrund 137

10237 Berlin

Friedberg / H., 12. Januar 2000

Bewerbung als Vertriebsspezialist für Raumbegrünung

Sehr geehrte Frau Mangold,

vielen Dank für das freundlich-informative Telefonat, welches wir auf Empfehlung von Frau Anneliese Kiebitz vom Fachverband für Objekt- und Raumbegrünung am 28.12.1999 führten. Wie vereinbart sende ich Ihnen meine Bewerbungsunterlagen.

Kurz zu meiner Person:
- Dipl.-Ing. Gartenbau (FH)
- Marketing- und Vertriebskaufmann (IHK)
- Stellv. Leiter Raumbegrünung (Budget- und MA-Verantwortung)

Zu meinen Fachkenntnissen gehören unternehmens- und vertriebsbezogenes Marketing speziell für die Raumbegrünung. Ich bin gelernter Gärtner.

Meine wesentlichen Persönlichkeitsmerkmale sind ausgeprägte Kommunikations- und Begeisterungsfähigkeit sowie ein hohes Maß an Engagement und Eigeninitiative zur Erreichung gesteckter Projektziele. Ich arbeite zielstrebig und selbständig.

Mein Aufgabenspektrum stelle ich mir in den Bereichen Akquisition/Vertrieb/Marketing, sowie Planung und Ausführung von Begrünungsprojekten mit entsprechender Budgetverantwortung vor.

Aus familiären Gründen verlege ich meinen Wohnsitz im März nach Berlin. Gern bin ich ab diesem Zeitpunkt Ihr neuer Mitarbeiter und freue mich über eine Einladung zu einem persönlichen Gespräch mit Ihnen.

Mit freundlichen Grüßen

Martin Malve

Anlagen

 → *Kommentar Seite 32*

Lebenslauf

Persönliche Daten

Martin Malve
Dipl.-Ing. Gartenbau
am 07.12.1968 in Friedberg/H. geboren
nicht verheiratet

Friedberg, den 12.01.2000

 → Kommentar Seite 32

Berufliche Erfahrungen

seit 04/1998	**Stellvertretender Leiter Vertrieb & Marketing** bei LENGRÜN Hydrokultur Bergneustadt Verantwortung für die Bereiche ▸ Marktanalyse ▸ Produktpolitik ▸ Kommunikationspolitik / Werbemaßnahmen ▸ Vertriebscontrolling
09/1997 – 11/1997	**Kaufmännischer Angestellter** bei LENGRÜN Hydrokultur Bergneustadt Verantwortung für ▸ Werbung ▸ Absatzorganisation ▸ Kundenbefragungen
06/1992 – 09/1993	**Kaufmännischer Angestellter** bei DIE PALME in Frankfurt/M. Verantwortung in der Abteilung ▸ Vertrieb/Werbung
04/1990 – 07/1990	Mitarbeiter bei DIE PALME Frankfurt/M. ▸ Vorbereitung auf die Ausbildung

Bildung

09/1993 – 01/1997	Fachhochschule für Gartenbau und Floristik in München, Fachbereich Objekt-/Raumbegrünung Studienschwerpunkte ▸ Produktionsmanagement und Logistik ▸ Marketing / Vertrieb ▸ Wirtschaftspolitik (spez. Garten- u. Landschaftsbau)
09/1990 – 06/1992	Ausbildung zum Gärtner / Floristen bei DIE PALME in Frankfurt/M.
08/1985 – 07/1988	Burggymnasium Friedberg / H. Abschluss Abitur, Note 2,5
08/1975 – 07/1985	Gesamtschule Friedberg / H. mit gymnasialer Oberstufe

 → *Kommentar Seite 32*

Praktika und Kenntnisse

1996/1997	**Diplom-Abschlussarbeit** Thema „Ist-Analyse des Produktions- und Absatzbereiches für hochspezialisierte Objekt- und Raumbegrünungsprojekte in öffentlichen Räumen“ Gesamtnote 1,6
03/1997 – 06/1997	**Trainee bei LENGRÜN Hydrokultur** Verantwortlich für ▸ Kundenstrukturen ▸ Erarbeitung produktbezogener Kundenfragebogen
10/1996 – 02/1997	**Betreuung eines Projektteams als Tutor**
03/1996 – 07/1996	

…ENGRÜN Hydrokultur (NL München)
…ertrieb/Verkaufsförderung

…nternehmensplanspiel **„TOPIC-1“**

…isches Marketing“

…und Schrift
…gangssprache

…**ydrokultura** in Meppeln (NL)

…el Draw, dBase III plus
…atenmodellierung
…odulen MM/SD

…z
… in Bad Nauheim als Hilfskraft

Führerschein Klasse 3
Hobby: Feng Shui

Zu den Unterlagen von Martin Malve

1. Version

Auch wenn es kaum als gelungen bezeichnet werden kann: Der Bewerber hat sich um ein Briefkopf-Design bemüht. Sehr unglücklich formuliert ist die Betreffzeile im **Anschreiben** und die Wiederholung im ersten Absatz (»... Bewerbung um eine Stelle«).

Die Wiederholung des Empfängernamens im letzten Absatz ist ein ebenso kläglicher Versuch, und so vermittelt das **Anschreiben** einen insgesamt eher traurigen Eindruck vom Kandidaten. Wieder begegnen wir dem Fehler, den eigenen Namen ausgeschrieben unter die Unterschrift zu setzen. Und auch die »Anlagen« würden prima ohne Unterstreichung auskommen.

Der dreiseitige **Lebenslauf** setzt den im Anschreiben misslungenen Design-Versuch fort. Sich zu bemühen reicht leider nicht aus – das Ergebnis muss auch ansprechend sein. So ähnlich verhält es sich auch mit dem **Bewerber-Foto**. Brav, keinesfalls eine Katastrophe, aber ...

Inhaltlich langweilt uns der Bewerber mit einer Auflistung seiner Studieninhalte. Damit wird er jeden Leser vergraulen. Wie kann man nur so ungeschickt in der Vermittlung eigentlich wichtiger Informationen sein? Hobbys werden verschwiegen, die Unterschrift fehlt, alles in allem ein unglücklicher Bewerbungsversuch.

2. Version

Hier wird geschickt an ein geführtes Telefonat angeknüpft und kurz ein berufliches und persönliches Kompetenzprofil vorgestellt. Am Ende, viel besser als im ersten **Anschreiben**, werden die Bewerbungs- und Umzugsmotive erläutert. Das Anschreiben präsentiert sich in einer gefälligen Form.

Das **Deckblatt** des Lebenslaufes ist klar und ansprechend gestaltet. Zusammen mit dem **Foto** (quadratisches Format, der Kandidat leicht »angeschnitten«) weckt es ein berufliches Interesse am Bewerber, das auf den nächsten beiden Seiten gut bedient wird. Einfach, aber schnell überschaubar werden die beruflichen Stationen im **Lebenslauf** in umgekehrt chronologischer Abfolge informativ abgehandelt und dabei grafisch gut unterstützt. Auch wenn das Präsentationsschema nicht wirklich neu ist, hier wirkt es überzeugend und der etwas persönlichere Eindruck auf der letzten Seite vermittelt das gutes Gefühl, es mit einem wirklich interessanten Bewerber zu tun zu haben. Ob die Nennung dieses Hobbys günstig ist, mag dahingestellt sein.

Ein **Anlageverzeichnis**, hier bei uns nur aus Platzgründen weggelassen, rundet das Ganze noch angenehm ab und verstärkt den insgesamt positiven Charakter dieser Bewerbung.

Alternativ bieten wir Ihnen noch ein weiteres Foto des Bewerbers. Zu welchem würden Sie ihm raten?

***Alternativbild** zu den Bewerbungsunterlagen von Martin Malve. Vergleichen Sie dazu die **Bewerbungsfotos** auf → **Seite 25** und → **Seite 29**.*

Bei dieser Alternative ist zwar das Format wieder eher klassisch, ein klein wenig größer als gewöhnlich, besonders aber die Handhaltung und der stärkere Anschnitt fallen auf.

Einschätzung

Nach der Überarbeitung eine gelungene Präsentation.

Alfred Berning

Musterstraße 94
55430 Oberwesel
Tel. 0201 - 123456

Kino-Center Hamburg GmbH
Herrn Mertens
Neue Straße 176

20148 Hamburg

11.3.2002

Ihre Anzeige im Hamburger Abendblatt: Betriebsleiter

Sehr geehrter Herr Mertens,

wie schön, dass Sie eine für mich so interessante Position zu besetzen haben. Mein bestehendes Arbeitsverhältnis ist befristet und läuft zum 30. September aus. Ich suche also zum 1. Oktober – bei Bedarf auch früher – ein neues spannendes Betätigungsfeld.

In der Vergangenheit habe ich viel mit Personal und Management in der Hotellerie und im Tourismus zu tun gehabt, ein sehr kommunikatives Arbeitsfeld, dem meine ganze Sympathie und große Begeisterung gehören. Ich fand es immer schon reizvoll, mit vielen Menschen nach außen und innen zu kommunizieren, um so eine Dienstleistung perfekt zu managen.

Hinzu kommt noch, dass Hamburg die Geburtsstadt meiner Frau und damit für uns absolute Favoritin in Deutschland ist. Ich suche deshalb ganz gezielt eine Stelle an Alster und Elbe. Und an dem Kino-Center Hamburg reizen mich besonders die vielfältigen Aufgaben eines solchen Unternehmens.

Wir sollten also miteinander sprechen. Für einen Vorstellungstermin stehe ich Ihnen gern jederzeit zur Verfügung. Rufen sie mich einfach an oder schreiben Sie mir. Ich freue mich darauf!

Mit freundlichen Grüßen

Alfred Berning

Bewerbung

als	Betriebsleiter Kino-Center
Anlagen	Bewerbungsschreiben Persönliche Daten Tabellarischer Lebenslauf Zeugniskopien
	Alfred Berning Musterstraße 94 55430 Oberwesel ☎ 0201 - 123456

 → *Kommentar Seite 45*

Persönliche Daten

Name:	Alfred Berning
Anschrift/Tel.:	Musterstraße 94 55430 Oberwesel ☎ 0201 - 123456
Letzte Tätigkeit:	Kurdirektor Bad Wesel
Gehalt:	35.000 Euro p.a.
einsatzbereit ab:	Oktober, evtl. früher
Geburtsdatum/-ort:	11. Juli 1967 / Marburg
Familienstand:	verheiratet
Schulabschluss:	Abitur US-High-School-Diplom
Berufsausbildung:	Hotel Meyer Berlin 3 Jahre Management-Training
Besondere Kenntnisse:	Ausbildereignungsprüfung PC mit gängiger Anwendersoftware Führerschein Kl. III
Fremdsprachen:	Englisch fließend in Wort und Schrift Französisch gut

Tabellarischer Lebenslauf

Datum		Praktische Tätigkeit	Sonstiges
von	bis		
1984	1985	**Ein Schuljahr im Ausland** Winter Haven, Florida/USA	US-High-School-Diplom
1977	1987	**Goethe Gymnasium, Hamburg**	Abitur
10.87	11.90	**Hotel Meyer Berlin** - 3 Jahre Management-Training Fernstudium „Educational Institute of the American Hotel & Motel Association"	Zertifikate: siehe Anhang
12.89	02.90	**Hotel Lancaster, Paris, Frankreich** - im Rahmen der Berufsausbildung als Assistent der 1. Hausdame	
12.90	04.93	**Meyer Hotel, Davos, Schweiz** - Finanzbuchhalter bis 10.92 - stv. Verwaltungsleiter ab 12.92	Seminar „Führen durch Zielvereinbarungen"
06.93	12.93	**Meyer Hotels GmbH, Frankfurt** Hauptabteilung Rechnungswesen - Verwaltungsleiter-Trainee, Bereiche Lohnbuchhaltung und Personalwesen	
01.94	03.95	**Meyer Hotel, Augsburg** - Verwaltungsleiter / kaufm. Leiter	EDV-Schulungen „Multiplan" und „Minervas"
04.95	06.96	**Bildungs-Reisen, Hamburg** - Verkaufsleiter. Ein Schuljahr im Ausland	
07.96	12.96	**Zeitarbeit GmbH, Hamburg** - Sachbearbeiter Röntgen Systeme GmbH, Hamburg	
01.97	05.97	**Röntgen Systeme GmbH, Hamburg** - Sachbearbeiter Abt. Internationales Marketing Radiographie	
06.97	10.97	**Veranstaltungsmanagement GmbH, Berlin** - Projektleiter	
11.97	01.98	**ohne Beschäftigung**	
02.98	06.98	**Pear Werbeagentur GmbH, Berlin** - Assistent der Geschäftsführung	
07.98		**Bad Wesel Kurzentrum** - Kurdirektor (Leiter des Kurbetriebes)	Ausbilderprüfung

 → *Kommentar Seite 45*

Alfred Berning • Musterstraße 94 • 55430 Oberwesel • Tel. 0 201 - 12 34 56

Kino-Center Hamburg GmbH
Herrn Mertens
Neue Straße 176

20148 Hamburg

Oberwesel, 11. März 2002

Betriebsleiter Kino-Center Hamburg
Ihre Anzeige im Hamburger Abendblatt vom 2./3. März 2002

Sehr geehrter Herr Mertens,

in einem Telefonat mit Ihrem Büro erfuhr ich heute, dass das Auswahlverfahren für die zu besetzende Position noch nicht abgeschlossen ist. Sie beschreiben in Ihrer Anzeige eine Herausforderung, die mich sehr interessiert.

Seit Jahren bin ich als Führungskraft mit Personal- und Budgetverantwortung in Unternehmen der Hotellerie und Touristik tätig. Dabei konnte ich Kommunikationsstärke, Teamfähigkeit und Organisationsgeschick beweisen. Überdurchschnittliche Flexibilität und Einsatzbereitschaft runden mein Profil ab.

Ich strebe eine Führungsposition mit einem Anforderungsprofil an, das zu mir passt. Als meine besonderen persönlichen und beruflichen Stärken empfinde ich:

- Erfahrung in der Führung und Motivation von Mitarbeitern,
- gutes Organisations- und Verhandlungsgeschick,
- Leistungsbereitschaft, Erfolgswille und Durchsetzungsfähigkeit.

Es würde mich freuen, wenn Sie mich nach Prüfung meiner Bewerbungsunterlagen zu einem Vorstellungsgespräch einladen. Hier könnten wir weitere Details wie Eintrittstermin und Gehaltsfragen besprechen.

Mit freundlichen Grüßen

Anlagen

Alfred Berning • Musterstraße 94 • 55430 Oberwesel • Tel. 0 201 - 12 34 56

Bewerbung

als Betriebsleiter

für Kino-Center Hamburg GmbH
Herrn Mertens
Neue Straße 176

20148 Hamburg

es folgen Überblick
Resümee
Werdegang
Anlagen

↳ Überblick

Alfred Berning • Musterstraße 94 • 55430 Oberwesel • Tel. 0201 - 12 34 56

Überblick

Personendaten	Alter geboren am Familienstand	34 Jahre 11. Juli 1967 in Marburg Verheiratet, zwei Kinder
Werdegang	letzte Tätigkeit Berufsausbildung Schulabschluss	Kurdirektor Bad Wesel Betriebsassistent Hotellerie Abitur/US-High-School-Diplom
aktuelle Situation	Kurdirektor	Leitungsmanagement
Kenntnisse	Fremdsprachen	Englisch fließend Französisch gut
	Ausbilderprüfung PC mit gängiger Software Führerschein Klasse 3	
Interessen	Sport: Reiten, Jogging Werbung und Gestaltung Psychologie	
Gehaltswunsch	um 40.000 Euro p.a.	

↳ Resümee

Alfred Berning • Musterstraße 94 • 55430 Oberwesel • Tel. 0 201 - 12 34 56

Resümee

Ich bin	ein optimistischer Mensch mit ausgeprägtem Selbstvertrauen und einem hohen Maß an Eigeninitiative. Es ist meine Überzeugung, dass alles wirklich Gewollte im Leben machbar ist. Entscheidungen und Risiken gehe ich nicht aus dem Weg. Auf Ehrlichkeit und Echtheit in Ausdruck und Verhalten lege ich großen Wert. Und noch etwas: Ich habe Humor.
Ich kann	mir Ziele selbst definieren und erreichen, viel leisten, Stress positiv erleben, gut planen und organisieren und mich voll und ganz engagieren.
Ich habe	Berufs- und Lebenserfahrung, ein gut entwickeltes Talent für Kommunikation und den Umgang mit Menschen. Dies macht mich erfolgreich. Dabei habe ich mir die Fähigkeit zu Teamarbeit bewahrt. Neben fachlicher Kompetenz waren für meinen beruflichen Aufstieg vor allem Begeisterungsfähigkeit, Lernbereitschaft und Flexibilität entscheidend.
Ich will	eine Leitungsaufgabe, die meine Kenntnisse fordert, die Handlungsspielraum und Entwicklungschancen bietet, eine Position, in der ich meine Führungsqualitäten einsetzen und weiter ausbauen kann; ein Unternehmen, mit dem ich mich identifiziere.

↳ Werdegang

Werdegang

	Tourismus und Hotellerie
seit 07.98	Bad Wesel Kurzentrum • *Kurdirektor* (Leiter des Kurbetriebes)
04.95 – 06.96	Weiter-Reisen GmbH, Hamburg • *Verkaufsleiter* (ein Jahr im Ausland)
10.87 – 03.95	Meyer International Hotelkonzern: Meyer Hotel, Augsburg • *Verwaltungsleiter*
	Meyer Hotel Verwaltungs-GmbH, Frankfurt Hauptabteilung Rechnungswesen • *Trainee zum Verwaltungsleiter*
	Meyer Hotel, Davos • *stv. Verwaltungsleiter und Finanzbuchhalter*
	Meyer Hotel, Berlin • *Trainee zum Betriebsassistenten* Parallel: Fernstudium beim „Educational Institute of the American Hotel Association“
	neue Horizonte
07.96 – 06.98	Veranstaltungen GmbH, Berlin • *Projektmanagement*
	Pear Werbeagentur GmbH, Berlin • *Office Management, Werbung*

↳ Werdegang

Alfred Berning • Musterstraße 94 • 55430 Oberwesel • Tel. 0201 - 123456

	Qualifizierung
04.99	Ausbilderprüfung vor der IHK zu Bremen
	andere Länder
10.00 – 12.00	Richmond, Virginia/USA • *Erweiterung der Sprachkenntnisse*
10.93 – 12.93	Meyer Hotel Saanen-Gstaad • *Unterstützung der Verwaltungsleitung*
12.89 – 02.90	Hotel Lancaster, Paris • *Praktikum in Housekeeping*
08.84 – 06.85	Ein Schuljahr im Ausland, Winter Haven, Florida/USA • *Abschluss der US-High-School mit Diplom*
	Engagement
11.96 – 02.01	Management-Vereinigung e.V. Niedersachsen • *Kassenführer im Bundesvorstand*
	Schulbildung
09.77 - 05.87	Goethe Gymnasium, Hamburg • *Abitur*

11. März 2002

Alfred Berning

↳ Anlagen

Alfred Berning • Musterstraße 94 • 55430 Oberwesel • Tel. 0201 - 12 34 56

Anlagen

zum Werdegang

Arbeitszwischenzeugnis Kurdirektor Bad Wesel

Weiter-Reisen GmbH, Hamburg

Meyer Hotel, Augsburg

Meyer Hotel, Frankfurt

Meyer Hotel, Davos

Meyer Hotel, Berlin

zu Auslandsaufenthalten

Hotel Lancaster, Paris

Diplom High School, USA

zur Qualifizierung

IHK Bremen, Ausbildereignungsprüfung

zur Schulbildung

Zeugnis Allgemeine Hochschulreife

↳ Zeugniskopien

Alfred Berning • Musterstraße 94 • 55430 Oberwesel • Tel. 0201 - 123456

Kino-Center Hamburg GmbH
Herrn Mertens
Neue Straße 176

20148 Hamburg

23. März 2002

Vorstellungsgespräch am Mittwoch, den 22. März 2002
Meine Bewerbung als Leiter des Kino-Centers Hamburg

Sehr geehrter Herr Mertens,

vielen Dank für das ausführliche und informative Gespräch. Besonders die offene, gute Gesprächsatmosphäre sowie Ihre Ausführungen über Unternehmensaktivitäten und Ziele wusste ich zu schätzen.

Sehr gerne möchte ich als hauptverantwortlicher Leiter Ihres Hauses tätig werden und mein ganzes Wissen und Engagement für die Optimierung Ihres Unternehmens einbringen.

Aus meiner Sicht spricht für mich
- mein breites Spektrum an Organisationserfahrung,
- meine Mitarbeiter-Führungskompetenz,
- meine besondere Stressresistenz.

Bereits zum 1. Juli 2002 könnte ich Ihrem Unternehmen zur Verfügung stehen. Wenn Sie mir – wie in Aussicht gestellt – bei der Wohnungsbeschaffung behilflich sind, sehe ich einem Erfolg versprechenden Start in der zweiten Jahreshälfte mit Freude entgegen.

Auf die Fortsetzung unseres Gespräches gespannt
grüße ich Sie herzlichst

→ *Kommentar Seite 45*

Zu den Unterlagen von Alfred Berning

1. Version

Mit einem elegant-schwungvollen Briefauftakt (»... wie schön ...«) glaubt Herr Berning, im **Anschreiben** die Aufmerksamkeit des Lesers zu gewinnen. Bei allen Bemühungen – er irrt! Auch die Formulierung »spannendes Betätigungsfeld« könnte für Freudianer Anlass für komplexe Rückschlüsse sein ... Die beiden folgenden Absätze sind eher eine Aneinanderreihung von Stilblüten und Peinlichkeiten, auf die wir hier nicht näher eingehen wollen, obwohl der eine oder andere Leser vielleicht manche Formulierung als gar nicht so schlimm empfindet. »Wir sollten also miteinander sprechen« ist zu plump und anbiedernd. Zu guter Letzt sollte der Name nicht maschinenschriftlich unter der Unterschrift stehen.

Die **Deckblatt**-Gestaltung ist durchaus akzeptabel, das **Foto** schlicht und unspektakulär, die folgende Seite mit den **persönlichen Daten** außergewöhnlich, wenngleich optisch nicht ausgereift. Am schlimmsten ist jedoch der sich anschließende tabellarische **Lebenslauf**, mit dem sich Herr Berning bestimmt viel Mühe gegeben hat. Leider hat auch hier seine kreativ-überschießende Art einen negativen Effekt. Trotz einer vermeintlichen Systematik wirkt diese Seite alles andere als leserfreundlich und präsentiert obendrein Herrn Berning als »Jobhopper« mit gelegentlicher Arbeitslosigkeit.

Außerdem fehlt bei dieser erstenVersion eine **Anlagen**-Übersichtsseite.

Das Ergebnis: unbefriedigend. Auf über 80 Bewerbungen in dieser Form erfolgten nur drei Einladungen!

In einer insgesamt 30 Stunden dauernden Veränderungsarbeit entstand mit Unterstützung der Fachleute aus dem *Büro für Berufsstrategie* in Berlin eine völlig neue Konzeption und Präsentation, die den Kandidaten in einem vollkommen anderen Licht erscheinen lässt. Aber urteilen Sie selbst ...

2. Version

Mit einem gut gegliederten **Anschreiben** argumentiert der Bewerber überzeugend, warum man ihn einladen sollte. Der Abschlussabsatz hätte vielleicht etwas souveräner ausfallen können. Beispiele dafür geben die Briefe anderer Kandidaten in diesem Buch.

Das **Deckblatt** ist überraschend anders, recht kreativ und dabei spannend gestaltet (»es folgen ...«). Interessant auch das **Fotoformat** und der sympathisch lächelnde Kandidat. Auf der nächsten Seite trifft man wieder auf eine gelungene, sinnvolle Überraschung, die schnell und übersichtlich über den Kandidaten informiert (bis hin zum Gehaltswunsch!). Die Fußzeile ermöglicht eine Vorschau auf die nächste Seite. Mit Spannung blättert der Leser weiter und ist bestimmt nicht schlecht bedient mit dem nun folgenden Resümee-Text.

Sowohl die beiden folgenden Seiten zum **Werdegang** als auch das übersichtliche **Anlagenverzeichnis** verstärken den bis dahin gewonnenen positiven Gesamteindruck. Man kann nicht allen gefallen wollen, doch diese hier vorgestellte Form findet garantiert ihre Wertschätzung. Damit erfüllt sie voll und ganz das Ziel und führt bestimmt zu der angestrebten Einladung zum Vorstellungsgespräch.

Einschätzung

Eine wirklich angenehm beeindruckende Bewerbungsmappe, die kaum noch Wünsche offen lässt. Der Kontrast zur ersten Version könnte nicht größer sein. Weder vom »Jobhopping« noch von Arbeitslosigkeit ist jetzt noch die Rede. In der Realität führte diese Neukonzeption der Bewerbungsunterlagen in relativ kurzer Zeit zum gewünschten Ziel, einem neuen Arbeitsplatz (vier Aussendungen, drei Einladungen!).

Krönender Abschluss ist hier der so genannte **Nachfassbrief** – eine wichtige Chance, nach dem Vorstellungsgespräch den positiven Eindruck noch zu verstärken (siehe auch Seite 122).

Fiona Siegel
Freibadweg 109
16341 Röntgenthal
Telefon: 07980/33667

City-Car GmbH
Herrn Andreas Düsenberg
Zepernicker Landstraße 56

16351 Bernau

Röntgenthal, 31.05.2000

Bewerbung Automobil-Verkäuferin

Sehr geehrter Herr Düsenberg,

mit diesem Schreiben möchte ich an unser informatives Telefonat vom 20.05.2000 anknüpfen und Ihnen meine Bewerbungsunterlagen einreichen.

Meine Liebe zum Auto, meine kontinuierliche Berufsentwicklung in dieser Branche und die daraus resultierende langjährige Erfahrung sind Anlass für diese Bewerbung, ebenso wie die Empfehlung von Herrn Feuerbach vom ADAC, der mir mitteilte, dass Sie eine vakante Verkäuferposition neu besetzen wollen. Aus meiner täglichen Praxis sind mir Planung, Durchführung und Analyse von Verkaufsmaßnahmen bestens vertraut.

Neben meiner kaufmännischen Ausbildung erwarb ich mir gute kommunikative und soziale Fähigkeiten.

Als Quereinsteigerin im Auto-Verkauf bringe ich durch meine kaufmännisch-technische Grundausbildung gute Vorausetzungen mit, um bestmögliche Ergebnisse zu erzielen. Darüber hinaus möchte ich gerne für Ihr Haus medienwirksame Promotion-Aktionen für bevorstehende Einführungen neuer PkW-Modelle organisieren.

Von meinem Können und meinen Qualifikationen werde ich Sie sicher in einem persönlichen Gespräch überzeugen, auf das ich mich sehr freue. Gern bin ich auch bereit, für einige Tage meine Fähigkeiten in Ihrem Haus unter Beweis zu stellen.

Mit freundlichen Grüßen

Fiona Siegel

 ➔ ***Kommentar Seite 50***

Fiona Siegel
Freibadweg 109
16341 Röntgenthal
Telefon: 07980/33667

B e w e r b u n g

als

Automobil-Verkäuferin

City-Car GmbH, Bernau

von

Fiona Siegel
am 29.02.1967
in Zwickau geboren
nicht verheiratet
Kauffrau

Fiona Siegel
Freibadweg 109
16341 Röntgenthal
Telefon: 07980/33667

Berufstätigkeit

seit 01.10.1995	Technische Angestellte/Gewährleistungssachbearbeiterin bei der Auto Allround Ersatzteil GmbH, Ludwigsfelde • Abwicklung von Gewährleistungs- und Kulanzanträgen • Systemunterstützte Antragsbearbeitung am Terminal • Prüfung von Schadensteilen/Qualitätsanalyse • Koordinierung von Rückrufaktionen verschiedener Hersteller • Regressierung abgelehnter Gewährleistungsteile • Kunden- und Lieferanten-Management
01.10.1993 – 30.09.1994	Familienpause
01.01.1990 – 30.09.1993	Kaufmännische Mitarbeiterin beim ADAC Berlin-Brandenburg • Mitgliederbetreuung • Koordination Zusammenarbeit mit DEKRA und TÜV • Messestandbetreuung • Unterstützung der Organisation von Messeauftritten, Ralleys und dem ADAC-Jahresball in Berlin
01.09.1986 – 31.12.1989	Industriekauffrau für Maschinenbau Müller-Metallhandel GmbH, Berlin • Bestellung von Maschinenbauteilen aus Stahl und Kunststoff • Fakturierung und Auslieferung an Kunden • Bestandspflege und Kunden-Neuakquisition

 → Kommentar Seite 50

Fiona Siegel
Freibadweg 109
16341 Röntgenthal
Telefon: 07980/33667

Bildung und Schule

1998	Fortbildung Vertrieb und Marketing Marketingakademie Teltow
1996	Fortbildung im Qualitätsmanagement DEKRA Berlin
1986	Umzug nach Berlin
1983 – 1986	Ausbildung mit Abitur zur Industriekauffrau in Zwickau
1973 – 1983	POS Zwickau – Abschluss Mittlere Reife

Kenntnisse / Erfahrungen / Interessen

anwenderbereite Kenntnisse gängiger Software unter Windows 98/NT

sehr gute Kenntnisse des Ersatzteilangebotes für PKW und Nutzfahrzeuge, besonders der Marken VW, BMW und Fiat

sehr gute Englischkenntnisse in Wort und Schrift

Akquisitionserfahrungen

Mitglied im Oldtimer-Club Ludwigsfelde, Veranstaltungsorganisation

Führerschein PKW und LKW

Personenbeförderungsschein

begeisterte Oldtimer-Ralley-Fahrerin

Röntgenthal, 31.05.2000

Fiona Siegel

 → Kommentar Seite 50

Zu den Unterlagen von Fiona Siegel

Ein außergewöhnlicher Briefkopf vermittelt in Zusammenhang mit einer farblichen Gestaltungsvariante (die Linienführung ist rot, was Sie hier leider nicht sehen, sich aber sicherlich vorstellen können) einen guten Auftritt. Hier spürt man geradezu, wie sich die Kandidatin engagiert hat. Eine gelungene erste Arbeitsprobe, die inhaltlich mit dem **Anschreiben-Text** korrespondiert. Ihre Liebe zum Arbeitsobjekt wirkt glaubhaft. Anknüpfungspunkt ist ein Telefonat, das vor elf Tagen stattfand. Eine zu lange Zeitspanne, dennoch wird diese Schriftform den Leser der Bewerbungsunterlagen freundlich stimmen. Das Angebot, seine Fähigkeiten unter Beweis zu stellen, könnte aufkommende Leistungszweifel wegen der langen Zeit zwischen dem Telefonat und der schriftlichen Bewerbung vollends ausräumen.

Das **Deckblatt** ist im gleichen Design gut und bereits informativ aufgebaut. Ein idealer Platz für das Bewerbungsfoto, wenn auch dessen Präsentation auf der nächsten Seite den Spannung steigernden Umblättereffekt haben könnte. Das **Foto** (im Format etwas zu schmal) zeigt eine sympathisch lachende Kandidatin. So viel Kraft kann ein Foto haben.

Der **Lebenslauf** – er kommt ohne die typische Überschrift aus – besteht aus nur zwei Seiten und dokumentiert auf der ersten Seite angemessen untergliedert die Berufstätigkeit und die Aufgabenbereiche bei den drei letzten Arbeitgebern. In dieser Abfolge finden wir auch einen schlichten Hinweis auf eine Familienpause. Der aufmerksame Leser erinnert sich, dass Frau Siegel bei ihren persönlichen Daten »nicht verheiratet« angegeben hat und auch keine Kinder erwähnte. Warum auch. Diese Form ist doch überzeugend und völlig ausreichend. Auf der zweiten Lebenslaufseite wird unter der Rubrik Bildung und Schule auch der Umzug nach Berlin abgehandelt. Nicht schlecht! Die sich anschließenden Kenntnisse/Erfahrungen/Interessen nützt die Kandidatin sehr geschickt, um einen weiteren Persönlichkeits- und Kompetenzauftritt zu kreieren. Verbesserungswürdig wäre u.U. die Überschriftengestaltung auf diesen beiden Blättern. Die drei Rubrikentitel (Berufstätigkeit, Bildung, Kenntnisse) würden in Fettschrift (evtl. auch ein bis zwei Punkte größer) das Gesamtbild noch besser aussehen lassen.

Was Sie hier nicht sehen, aber doch bei dem bisher gezeigten Engagement der Bewerberin voraussetzen dürfen, ist eine »Dritte Seite« und eine Anlagenübersicht. Sie runden die Bewerbungspräsentation ideal ab.

Einschätzung

Eine außergewöhnliche Bewerbung, die in ihrem Design (dazu noch unterstützt durch eine zweite Farbe) der Bewerberin die gewünschte Einladung gebracht hat. Mehr war auch nicht notwendig, denn sie führte direkt zum neuen Job.

andrea grün

stresemannstr. 27   10963 berlin   (030) 281 22 22

Andrea Grün, Stresemannstr. 27, 10963 Berlin

Herrn
Dr. Bruno Mayer
Mayer Marketing GmbH
Berliner Platz 3-7

34119 Kassel

Berlin, 10. Juni 2000

Bewerbungsunterlagen

Sehr geehrter Herr Dr. Mayer,

auf Empfehlung von Herrn Heinrich wende ich mich direkt an Sie und überreiche Ihnen meine Bewerbungsunterlagen.

Aus persönlichen Gründen strebe ich eine Tätigkeit im Raum Kassel an.

Meine Arbeits- und Fähigkeitsschwerpunkte liegen auf den Gebieten EDV, Marketing und Organisation.

Über die Gelegenheit zu einem persönlichen Gespräch würde ich mich sehr freuen.

Mit freundlichen Grüßen

Anlagen

→ *Kommentar Seite 55*

Bewerbungsunterlagen

für Herrn Dr. Bruno Mayer
Mayer Marketing GmbH

von Andrea Grün, EDV-Fachfrau
Stresemannstraße 27, 10963 Berlin
Tel.: (030) 281 22 22
E-Mail: agrün@alpha.de

geboren am 16. Oktober 1962
in Zürich

schweizerische Staatsangehörigkeit

ledig, ortsunabhängig

 → *Kommentar Seite 55*

Andrea Grün, 37 Jahre alt

Ich biete Ihnen ...

Problemlösungen in den Bereichen
EDV, Marketing und Organisation.
Mein Arbeitsstil ist geprägt durch

- schnelles Auffassungsvermögen;
- einen geübten Blick für das Wesentliche;
- ein hohes Maß an Selbständigkeit, Disziplin und Eigenverantwortung;
- die Fähigkeit, schnell innovative Lösungen zu finden.

Beruflicher Hintergrund

seit Feb. 1996	Telefonseelsorge Berlin e.V. Spendenmarketing, Öffentlichkeitsarbeit und Organisation bei der Vorbereitung der Jubiläumsfeierlichkeiten; Aufrüstung der EDV-Anlage, Systemoptimierung und Schulung der Mitarbeiter
1995 – 1996	Fortbildung bei der Deutschen Kaufmännischen Akademie Schwerpunkte Marketing und EDV
1991 – 1993	Berufsbegleitende EDV-Weiterbildung an der FU Berlin
1991 – 1993	Sachbearbeiterin mit EDV-Systembetreuung beim Sanitätshaus Schlau. Einführung und Optimierung der EDV
1989	Umsiedlung nach Berlin Mitarbeit in der Abteilung Reha beim Sanitätshaus Schlau
1989	Mitarbeit bei der Verlagsdruckerei Projekt 88 in Zürich Organisation, EDV, Grafik, Satz und Fotografie Leiterin der Bildredaktion bei der Zeitung „Nachricht" in Zürich
1986 – 1988	Geburt unserer Tochter Mailin und Unterbrechung der Berufstätigkeit für zwei Jahre
1982 – 1986	Sachbearbeiterin bei einer Aral-Raststätte in Zürich

Andrea Grün, Bewerbunsunterlagen

 ➔ *Kommentar Seite 55*

Schulbildung

1978 – 1980	Zugangsprüfung zur technischen Fachhochschule Abschluss (Abitur) als Industriekauffrau
1975 – 1978	Berufsbildende Fachoberschule, Ausbildung zur technischen Zeichnerin
1965 – 1975	Grund- und Hauptschule in Zürich

Weiterbildung

1996	Deutsche Kaufmännische Akademie Berlin: „Kaufmännische Fachkraft mit Schwerpunkt Marketing, EDV, allgemeine Betriebswirtschaftslehre mit Finanzbuchhaltung" Abschlussnote 1,4
1993	Weiterbildung an der Freien Universität Berlin „EDV-Anwendung in der kaufmännischen Sachbearbeitung" Abschlussprüfung bei der IHK Berlin: Abschlussnote 1,25

Besondere Kenntnisse

EDV	vertiefte Kenntnisse der Betriebssysteme Windows NT/2000 LAN- und DFÜ-Netzwerk unter Windows NT/2000 umfassende Kenntnisse des Betriebssystems MS-DOS sehr gute Kenntnisse der Umgebung Windows 3.11 alle gängigen Anwendungsprogramme: Winword, Excel, Access vertiefte Erfahrungen im Einsatz von Freehand bis Version 8.0 bei der Herstellung von grafischen Erzeugnissen Adobe Photoshop und Quark Xpress Programmierumgebung Borland Turbo Pascal
Fotografie	berufliche Erfahrungen im Verlagswesen, Reportage und Illustration mehrere Ausstellungen von digital manipulierten Bildern
Sprachen	Englisch, Italienisch, Spanisch
Hobbys	Computer-Grafik, Bildbearbeitung, Fraktalgrafik, Multimedia, Fotografieren und Bergwanderungen in den Alpen

Beruflich ... **bin ich flexibel und offen für**

- *projektbezogene oder globale Aufgaben*
- *Voll- oder Teilzeit-Beschäftigung*
- *freie oder feste Mitarbeit.*

Berlin, 10. Juni 2000

Andrea Grün, Bewerbunsunterlagen

 → *Kommentar Seite 55*

Zu den Unterlagen von Andrea Grün

Hier handelt es sich um eine Initiativbewerbung, die sich im **Anschreiben** auf eine persönliche Empfehlung bezieht, die Bewerbungsmotive benennt und kurz und knapp auf den Punkt bringt, was die Kandidatin anzubieten hat – ein gelungenes Beispiel für einen prägnanten Auftakt. Die außergewöhnliche Briefkopfgestaltung (Kleinschreibung) fällt durchaus positiv auf, ist aber sicherlich Geschmackssache. Insgesamt eine gute Demonstration, dass sich das Anschreiben auf wenige Zeilen beschränken kann, wenn man weiß, was man vermitteln will, und wenn die folgenden Unterlagen entsprechend aufbereitet sind.

Das **Deckblatt** bietet bereits Informationen, die traditionell der Lebenslauf beinhaltet. Auch auf dieser Seite wäre ein Foto denkbar.

Die nun folgenden zwei Seiten – ohne die Titelung »Lebenslauf« – sind in der Dramaturgie äußerst interessant gestaltet und vermitteln wichtige Informationen auf höchst angenehme Weise. Besser kann man einen Überblick über den eigenen **Werdegang,** kombiniert mit wichtigen »Werbebotschaften« und konkreten Arbeitsangeboten, kaum gestalten. Die Geburt der Tochter und der Erziehungsurlaub sind gut platziert. Übrigens sollten Sie stets mit blauer Tinte unterschreiben, was aus drucktechnischen Gründen hier nicht dargestellt werden kann.

Das **Foto** vermittelt, obwohl eher klassisch, den Eindruck, dass die Kandidaten den Leser direkt anspricht. Das schafft Sympathie und Interesse. Auch die Fußzeile macht sich sehr gut. Das **Verzeichnis** der beigefügten Zeugnisse haben wir aus Platzgründen erneut weggelassen.

Einschätzung

Ein sehr gelungenes Beispiel in Form eines überzeugenden Beweises für Eigeninitiative. Eine außergewöhnlich interessante Präsentationsform der eigenen »Werbebotschaft«.

Im Anschluss sehen Sie eine **Kurzbewerbung,** die auf den eben gezeigten Unterlagen basiert:

Ein etwas modifiziertes, ausführlicheres Anschreiben (die Hauptargumente kennen Sie aus den ausführlichen Bewerbungsunterlagen) und lediglich eine Seite als Anlage (durchaus mit der entsprechenden Überschrift »Kurzbewerbung«) stehen hier als Beispiel, wie die Bewerbung auch in einer kurzen Version sehr positiv wirken kann. Dabei sollten Sie nie auf ein sympathisches Foto verzichten. In dieser Kurzform ist der Versand in einem normalen Din-A6-Umschlag völlig problemlos.

Andrea Grün – Stresemannstr. 27 – 10963 Berlin – Tel: [030] 281 22 22

Herrn
Dr. Bruno Mayer
Mayer Marketing GmbH
Berliner Platz 3-7

34119 Kassel

Berlin, 10. Juni 2000

Kurzbewerbung

Sehr geehrter Herr Dr. Mayer,

auf Empfehlung von Herrn Heinrich und nach einem freundlichen Telefonat mit Ihrem Assistenten, Herrn Maas, überreiche ich Ihnen meine Kurzbewerbung.

Aus persönlichen Gründen strebe ich eine Tätigkeit im Raum Kassel an und könnte Ihnen als EDV-Fachkraft ab 15. August zur Verfügung stehen.

Ich biete Ihnen besondere Fähigkeiten auf den Gebieten:

- EDV, Marketing und Organisation;
- Fotografie und Computer-Grafik;
- gute soziale Kompetenz, besonders als EDV-Trainerin;
- ein hohes Maß an Selbständigkeit, Disziplin und Eigenverantwortung;
- die Fähigkeit, schnell innovative Lösungen zu finden.

Meine Berufserfahrungen und fachspezifischen Kenntnisse, die ich während meiner nebenberuflichen Fortbildungen erworben habe, kann ich sicher sehr gut zur Erreichung der Unternehmensziele Ihres Hauses einbringen.

Sehr geehrter Herr Mayer, sollte ich mit meiner Kurzbewerbung Ihr Interesse für meine Person als neue Mitarbeiterin geweckt haben, freue ich mich, Sie in einem persönlichen Gespräch von mir zu überzeugen. Meine ausführlichen Bewerbungsunterlagen stelle ich Ihnen gern jederzeit zur Verfügung.

Ich freue mich, von Ihnen zu hören, und verbleibe

mit freundlichen Grüßen aus Berlin

Andrea Grün

 → Kommentar Seite 55

K u r z b e w e r b u n g
für den EDV-Bereich von

Andrea Grün, Stresemannstr. 27, 10963 Berlin
☎ 030/281 22 22 💻 agrün@alpha.de

geboren am 16. Oktober 1959 in Zürich
schweizerische Staatsangehörigkeit
seit 1989 in Berlin, ledig

EDV-Fachfrau

Mein beruflicher Hintergrund

seit 02/96	**Telefonseelsorge Berlin e.V.** Systemoptimierung/Aufrüstung der EDV-Anlage Schulung der Mitarbeiter Öffentlichkeitsarbeit/Spendenmarketing Organisation und Vorbereitung der Jubiläumsfeierlichkeiten
1989 – 1993	**Sanitätshaus Schlau in Berlin** Sachbearbeiterin mit EDV-Systembetreuung Einführung und Optimierung der EDV
1989	**Verlagsdruckerei Projekt 88 in Zürich** Mitarbeit in Organisation, EDV, Grafik, Satz u. Fotografie Leiterin der Bildredaktion
1986 – 1988	zweijährige Familienpause
1982 – 1986	**Aral-Raststätte in Zürich** Sachbearbeiterin

Meine Aus- und Weiterbildung

1995 – 1996	**Kaufmännische Akademie Berlin** Fortbildung „Kaufmännische Fachkraft"
1991 – 1993	**Freie Universität Berlin** Berufsbegleitende Weiterbildung „EDV-Anwendung in der kaufmännischen Sachbearbeitung" mit IHK-Abschluss
1978 – 1980	**Technische Fachhochschule Zürich** Abschluss als Industriekauffrau
1975 – 1978	Ausbildung zur technischen Zeichnerin

Meine besonderen Kenntnisse

Englisch, Italienisch und Spanisch/Windows 98/Netzwerke/
Word, Excel, Access, Corel Draw bis 8.0, Photoshop u.a.

 → *Kommentar Seite 55*

Frank E. Baumann
Staatl. geprüfter Hotelbetriebswirt
Kurfürstenstr. 6
54295 Trier
Tel. (0782) 692 28 92

Herrn
Direktor Schmidt
Hotel Schweizerhof
Hardenbergplatz 1

10623 Berlin

Trier, 13.10.2000

Bewerbung für die Position des Verkaufs- und Marketingleiters im Hotel Schweizerhof in Berlin

Sehr geehrter Herr Schmidt,

vielen Dank für das informative Telefonat am heutigen Nachmittag.
Wie besprochen hier meine vollständigen Bewerbungsunterlagen.

Ich bin Betriebswirt für das Hotel- und Gaststättenwesen (Studium in Dortmund an der Wirtschaftsfachschule), 36 Jahre alt, ursprünglich gelernter Koch und zurzeit in einem Hotel mit 200 Betten in Trier als Verkaufsleiter in ungekündigter Stellung tätig.

Aus persönlichen Gründen möchte ich mein Wirkungsfeld nach Berlin verlagern und bin sehr interessiert, Ihr Haus und das für mich sehr reizvolle Aufgabengebiet Verkauf und Marketing kennen zu lernen.

Auf eine persönliche Begegnung mit Ihnen freue ich mich
und grüße Sie herzlich aus Trier

Frank E. Baumann

Anlage: Bewerbungsmappe

 → Kommentar Seite 64

Bewerbungsunterlagen

als Verkaufs- und Marketingleiter
Hotel Schweizerhof, Berlin

Frank E. Baumann
Staatl. geprüfter Hotelbetriebswirt
Kurfürstenstr. 6
54295 Trier

Tel. (0782) 692 28 92

 → *Kommentar Seite 64*

Lebenslauf

Zur Person

Frank E. Baumann

staatlich geprüfter Betriebswirt
für das Hotel- und Gaststättenwesen

geboren am 11.09.1966 in Stuttgart

verheiratet, zwei Kinder, 4. u. 6. J. alt

Schulische und berufliche Ausbildung

08/73 – 06/82	Grund- und Hauptschule in Willingen
07/82 – 07/85	Ausbildung zum Koch im Höhenhotel „Berghaus", Esslingen/Neckar
09/91 – 06/92	Weiterbildung: Berufsoberschule Münster (Fachschulreife)
	Fachschulstudium
09/94 – 06/96	Wirtschaftsfachschule für Hotellerie und Gastronomie, Dortmund
25.06.1996	**Abschlussprüfung zum staatlich geprüften Betriebswirt für das Hotel- und Gaststättenwesen mit bestandener Ausbildereignungsprüfung**

Studienfächer:
- Betriebswirtschaftslehre
- Betriebliches Rechnungswesen
- Touristik- und Hotel-Marketing
- Angewandte Datenverarbeitung (EDV)
- Technologie des Hotel- und Gaststättengewerbes
- Praxisorientierte Fallstudien
- Rechts- und Steuerlehre
- Englisch / Französisch
- Berufs- und Arbeitspädagogik (AEVO)

Sprachkenntnisse
Englisch in Wort und Schrift (fließend)
Französisch (gute Kenntnisse)

EDV-Kenntnisse
Reservierungssysteme „Fidelio-Micro", „HORES", „RIO 80862"
Windows NT, Word, Excel, Works, Access

Engagement
Vollmitglied in der Hotel Sales and Marketing Association (HSMA), German-Chapter, Region 1

Sonstiges
Führerschein Kl. 3

Hobbys
Mein Beruf, hier insbesondere Marketing und Werbung
Blues und Jazz (ich spiele Schlagzeug)
Reisen / Fotografieren / mit Holz arbeiten

 → *Kommentar Seite 64*

Beruflicher Werdegang

seit 01/00	**Verkaufsleiter** Hotel „Weingut König", Trier-Olbe
07/97 – 12/00	**Verkaufsleiter / stellv. Geschäftsführer** „ABC"-Hotel GmbH, Berlin Tiergarten
07/96 – 06/97	**Direktionsassistent** Hotel „Astro", Wiesbaden
04/93 – 08/94	**Stellvertretender Küchenchef (Sous-Chef)** Hotel-Restaurant „Poch", Bellingen
07/92 – 03/93	**Chef-Entremetier / Chef de Rotisseur** Hotel-Restaurant „Poch", Bellingen
01/90 – 08/91	**Kfm. Angestellter Verkauf (Gastronomie), Abteilung Food** REWE-Süd-Großhandel, Spellbach
04/88 – 12/89	**Chef-Entremetier** Hotel-Restaurant „Rössle", Waldenburg bei Stuttgart
04/87 – 03/88	**Demi-Chef Entremetier** Hotel „Hirsch", Fellbach/Schwarzwald
01/86 – 03/87	**Grundwehrdienst als Feldkoch / Sanitätssoldat** 1. Sanitätsbataillon 10, Wesslingen/Neckar
07/82 – 07/85	**Ausbildung zum Koch** Höhenhotel „Berghaus", Wesslingen/Neckar

Seminare und Praktika

07/95 – 10/95	**Reservierungs- und Empfangsabteilung** Praktikum im Hotel „Astro", Wiesbaden
01/96 – 06/96	**Reservierungs- und Verkaufsabteilung** Praktikum Hotel „v. Korff", Berlin-Charlottenburg
01/96	Prüfung zum **„Anerkannten Fachberater für Deutschen Wein"** Deutsches Weinbauinstitut, Mainz
03/97	**Public Relations im Hotel- und Gaststättengewerbe** Karla Dicks, Chefredakteurin NGZ, Servicemanager
09/97	**Controlling** **Produkt-Marketing und -Werbung** **Strategische Unternehmensführung** Seminare bei Unternehmensberatung Bednarz-Hell, Berlin

 → *Kommentar Seite 64*

Was Sie sonst noch über mich wissen sollten:

Meine Handlungsweise ist geprägt vom Umgang mit Menschen sowie dem Streben nach optimaler Dienstleistung und größtmöglicher Zufriedenheit des mir anvertrauten Gastes. Dabei wird mein Denken durchaus auch von betriebswirtschaftlichen Zahlen bestimmt. Ökonomische Zusammenhänge schnell zu erfassen, analytisch auszuwerten, um auf dieser Basis nach neuen, effektiveren Lösungen zu suchen, ist Grundlage meiner unternehmerischen Aktivitäten.

Schon als Mitglied der Studenten-Mitverwaltung war ich verantwortlich für die Organisation von Fachprojekten und Studienreisen. Häufig engagierte ich mich dabei auch in der Öffentlichkeitsarbeit.

Im Rahmen einer praxisorientierten ABC-Gruppe erstellte ich verschiedene Marketingstudien und Betriebskonzepte. Bereits hier habe ich unternehmerisches Denken und verantwortungsbewusstes Handeln zeigen können, das für meine Tätigkeiten nach dem Studium unabdingbare Arbeitsbasis war. Ausdauer, Konsequenz und Pflichtbewusstsein werden mir von Freunden und Kollegen ebenso zugeschrieben wie eine bisweilen als (zu) ehrgeizig erscheinende Hartnäckigkeit.

Für mich ist jedoch die Orientierung an den bestmöglichen Leistungen eine Frage der Verantwortung mir selbst und den von mir und meiner Arbeit abhängigen Dritten gegenüber.

Berlin, 13.10.2000

 → *Kommentar Seite 64*

Anlagen / Inhaltliche Gliederung:

Arbeitszeugnisse / Referenzen:

– Hotel „Weingut König“, Trier
– „ABC“-Hotel GmbH, Berlin
– Hotel „Astro“, Wiesbaden
– Hotel-Restaurant „Poch“, Bellingen
– REWE-Süd-Großhandel, Spellbach
– Hotel-Restaurant „Rössle“, Waldenburg
– Hotel „Hirsch“, Fellbach
– Dienstzeugnis Bundeswehr
– Höhenhotel „Berghaus“, Wesslingen/Neckar

Seminare / Praktika:

– Grundkurs Excel
– Grundkurs MS-Windows
– Produkt-Marketing und -Werbung
– Controlling
– Strategische Unternehmensführung
– Anerkannter Fachberater für Deutschen Wein
– Praktikumszeugnis Hotel „Astro“
– Praktikumszeugnis Hotel „v. Korff“

Schulzeugnisse:

– Hotelwirtschaftsschule, Berlin
– Ausbildereignungsprüfung, IHK Berlin
– Berufsoberschule, Bellingen
– Fachgehilfenbrief zum Koch

Zu den Unterlagen von Frank E. Baumann

Ein sehr angenehm kurzes **Anschreiben** bringt die Botschaft schnell und souverän auf den Punkt. Hier wurde vorab telefoniert, die Unterlagen vorher angekündigt. Übrigens: eine interessante Grußformel.

Die gewählte Form für das **Deckblatt** ist Ihnen als Leser bereits bekannt. Das bemerkenswerte, quadratische **Foto** zeigt einen interessanten Kandidaten mit Fliege und ist fotografisch gut gemacht (attraktiv auch ohne »Anschnitt«). Ein solches Bewerberfoto sieht man sich gerne länger an – und das ist ja auch intendiert, denn: jetzt entsteht Sympathie, Interesse am Kandidaten, der Wunsch, diesen näher kennen zu lernen.

Die nächste Seite mit der Überschrift **Lebenslauf** hat zunächst einen klassischen Aufbau (Angaben zur Person, schulische und berufliche Ausbildung). Das Ganze wurde geschickt ausgestaltet und liest sich gut.

Dann folgen andere Informationen, und erst auf der nächsten Seite lernen wir den beruflichen Werdegang in aller gebotenen Ausführlichkeit kennen, ergänzt durch Seminare und Praktika.

Auch eine andere Abfolge ist vorstellbar: Statt mit der Ausbildung könnte man gleich mit den wichtigsten Berufsstationen starten. Es geht aber auch so. Einziger Kritikpunkt: vielleicht etwas weniger Hobbys aufzählen! Eventuell hätten auch die Seminare und Praktika in umgekehrter Reihenfolge präsentiert werden können: das Aktuellste zuerst.

Neu für Sie als Leser ist jetzt das Einfügen einer weiteren Mitteilung. Wir nennen sie die »Dritte Seite« (s.a.S. 134 f.). Diese **»Dritte Seite«** ist wirklich ausdrucksstark formuliert, grafisch ansprechend gestaltet, auch wenn man sich den Zeilenumbruch etwas anders vorstellen könnte, und vermittelt einen positiven Anreiz, den Bewerber möglichst schnell auch persönlich kennen lernen zu wollen. Die Unterschrift an dieser Stelle verstärkt diesen Eindruck.

Die **Inhaltsübersicht** zu den weiteren Anlagen macht einen überzeugenden Eindruck.

Einschätzung

Die gesamte Bewerbungsmappe verdient sicherlich die Note 2+.

Dipl.-Ing Maria Mayer - Calvinstr. 20 - 28101 Bremen

Maschinenkraft Deutschland
Management Recruiting
Frau Schulz
Butzbachstr. 40

66666 Hellbach

Maria Mayer, Dipl.-Ing. (FH)
Förder- u. Lagertechnik
Calvinstr. 20
28101 Bremen
Tel. (0421) 12 21 12

Managementnachwuchs - Trainee

Sehr geehrte Frau Schulz,

ich bin Maschinenbau-Ingenieurin und habe großes Interesse an einer Tätigkeit in Ihrem Unternehmen.

Zu meiner Person:
Seit Beendigung meines Maschinenbaustudiums vor 2 1/2 Jahren (Abschluss mit Note 1,6) bin ich bei einem Spezialunternehmen für Förder- und Lagertechnik als Projektingenieurin tätig. Dabei umfasst mein Aufgabengebiet neben den klassischen Tätigkeiten u.a. die Bereiche Bauplanung, Arbeitsplatzgestaltung und Organisation.

Durch die verschiedenen Aufgaben, die ich als Projektingenieurin bereits erfolgreich bearbeitet habe, werden meine Lernbereitschaft und meine Fähigkeit, Problemstellungen unterschiedlicher Art zu bewältigen, deutlich. Ich bin es gewohnt, sowohl selbständig, als auch interdisziplinär im Team zu arbeiten.

Ich suche eine Herausforderung in neuen Projekten und bin gerne bereit, mir im Rahmen eines Traineeprogramms eventuell fehlendes Wissen anzueignen. Dabei interessieren mich besonders die Bereiche *Engineering* und *Logistik*.

Für alle weiteren Auskünfte stehe ich Ihnen gerne in einem persönlichen Gespräch zur Verfügung.

Mit freundlichen Grüßen

Maria Mayer

Anlagen: Bewerbungsunterlagen

 → *Kommentar Seite 70*

BEWERBUNGSUNTERLAGEN

Managementnachwuchs-Trainee

Maria Mayer, Dipl. Ing. (FH)
(Förder- u. Lagertechnik)
Calvinstr. 20
28101 Bremen
Tel. (0412) 12 21 12

Bremen, 20.06.2000

1 von 4

 → Kommentar Seite 70

LEBENSLAUF

Maria Mayer
geboren 12.11.1974 in Bolldorn (NRW)
verheiratet, keine Kinder

Berufspraxis

seit	Jan. '98	Ingenieurin für lagertechnische Probleme mit Aufgaben in den Bereichen: – Lager- und Fördertechnik – Bauplanung – Arbeitsplatzgestaltung – Organisation – Qualitätsmanagement

Kenntnisse

Sprachen:	sehr gute Englischkenntnisse gute Grundkenntisse in Französisch und Spanisch
EDV:	fundierte Kenntnisse der Programme Word, Access, Excel, Powerpoint und Corel Draw

Studium

Sep. '93	–	März '94	Fachhochschulpraktikum bei Siemens
April '94	–	Dez. '97	Technische Fachhochschule Hannover, Fachbereich: Maschinenbau Förder- und Lagertechnik
April '96	–	Aug. '96	Praktisches Studiensemester bei IBM in der Arbeitsvorbereitung
Aug. '97	–	Okt. '97	Diplomarbeit bei der Metallgesellschaft GmbH & Co KG Thema: Erstellung eines Lagerkonzeptes (Störung und Instandhaltung) für ein Hochregallager, Abschlussnote: 1,5
Dez. '94			*Diplomingenieurin (FH), Abschlussnote: 1,5 (Prädikat: gut)*

2 von 4

 → *Kommentar Seite 70*

Praktische Tätigkeiten (Studiumfinanzierung)

Juli '92	–	Aug. '92	Galvanikhelferin bei Schering
Juni '93	–	Aug. '93	Hilfsschmelzerin bei Thyssen-Stahl
Juli '94	–	Sep. '94	Produktionshelferin in der Head-Fertigung bei IBM
Juli '95	–	Sep. '95	Produktionshelferin bei Gillette
Feb. '96	–	April '96	Wach- und Messedienst bei der Fa. Nachtschutz
Aug. '96	–	Sep. '96	Produktionshelferin bei Siemens

Schulbildung

Aug. '80	–	Juni '86	Martin-Feld-Grundschule Hannover
Sep. '86	–	Juli '93	Friedrich-Ebert-Oberschule Hannover *Allgemeine Hochschulreife*

Sonstiges

Hobbys:	handwerkliche Tätigkeiten aller Art (Renovieren, Holzarbeiten etc.) Aufbau eines Motorrollers Baujahr 1957
Sonstiges:	Mitglied im Malteser Hilfsdienst e.V. Leiterin der externen Ausbildung im Bezirk Weser, Sanitäterin und Truppführerin im Katastrophenfall

Bremen, 20.06.2000 Maria Mayer

 → *Kommentar Seite 70*

WER BIN ICH?

Ich bin ein verantwortungsbewusster und zielstrebiger Mensch mit vielseitigen Interessen und großer Bereitschaft, mich voll und ganz neuen Aufgaben zu widmen. Mein Arbeitsstil ist geprägt durch ein hohes Qualitätsbewusstsein.

Für Ihr Unternehmen werde ich durch meine Innovationskraft und meine Fähigkeit, analytisch denken zu können, sicherlich bald eine Gewinn bringende Mitarbeiterin sein und damit zu einer positiven Firmenentwicklung beitragen.

Die richtige Arbeitsmotivation beziehe ich aus anspruchsvollen Problemstellungen und meiner Identifikation mit der Firma und ihren Produkten. Dies trifft aus meiner Sicht bei Ihrem Unternehmen und der angebotenen Position absolut zu und verstärkt meinen Wunsch, mich für Sie besonders zu engagieren.

4 von 4

 → *Kommentar Seite 70*

Zu den Unterlagen von Maria Mayer

Ein etwas ausführlicheres **Anschreiben**, das eher als eine Initiativbewerbung zu interpretieren ist, enthält alle wesentlichen Punkte, auf die es ankommt (die eigene Person, Daten, Leistungen, was angeboten werden kann und gesucht wird). Der »Ich«-Anfang ist sicherlich nicht jedermanns Geschmack, zeugt aber von Selbstbewusstsein und ist heutzutage absolut zulässig. Die Briefkopfgestaltung ist kreativ, wenngleich – wie immer – Geschmackssache. Der Flattersatz macht das Anschreiben lebendig, und Fett- und Kursivschrift sind sparsam, aber an den richtigen Stellen eingesetzt. Einen gravierenden Minuspunkt gibt es allerdings: Das Datum im Anschreiben fehlt (das haben Sie sicherlich sofort bemerkt ...).

Die **Deckblatt**-Gestaltung ist durch das gelungene **Foto** und die Unterschrift der Kandidatin (bitte in blau!) mit Sicherheit ein »Hingucker«. Was halten Sie von den beiden Alternativen? Urteilen Sie selbst, wie die junge Kandidatin auf dem linken Foto »rüberkommt«: Auch ein Foto kann langweilen. Außergewöhnlich ist auf dem Deckblatt außerdem: die in Klammern angefügte berufliche Fachrichtung und die besondere Seitennummerierung.

Der **Lebenslauf** beginnt mit der Berufspraxis, die eher etwas spärlich beschrieben ist, wenn man bedenkt, dass doch immerhin zweieinhalb Jahre Arbeitserfahrung vorliegen. Hier liegt Verbesserungspotenzial. In Kontrast dazu steht die fast zu ausführlich geratene Darstellung der praktischen Tätigkeiten. Das ist übrigens ein ganz typischer Fehler von noch Berufseinsteigern.

Die formale Gestaltung der **»Dritten Seite«** enthält in den Absatzanfängen ein kleines Wortspiel, mit dem sich die Bewerberin nicht unerheblich exponiert (»Ich bin« ... »Für Ihr Unternehmen« ... »Die richtige«). Auch damit wird (neben dem Foto und der Unterschrift) Selbstbewusstsein signalisiert, vielleicht sogar ein klein wenig zu viel, denn die Prognose, schon bald eine Gewinn bringende Mitarbeiterin zu sein, könnte emotionale Gegenwehr auslösen. Dennoch handelt es sich um ein interessantes Beispiel mit hoffentlich vielen Anregungen für Sie.

Einschätzung

Ein recht gutes, aber gewagtes und mit Risiken verbundenes Beispiel mit Verbesserungsmöglichkeiten.

Alternativbild 1. *Vergleichen Sie dazu auch das* ***Bewerbungsfoto*** *auf* ***→ Seite 66.***

Alternativbild 2. *Vergleichen Sie dazu auch das* ***Bewerbungsfoto*** *auf* ***→ Seite 66.***

SILKE UHLAND

Bahnhofstr.1a
55518 Mainz
Telefon: 0 22 12/34 86

Omega Personalberatung
Frau Wagner
Elbestr. 11

23170 Reinbek

Mainz, 14. März 2000

Bewerbung als Assistentin des Niederlassungsleiters für die Geschäftsstelle Köln
Ihre Anzeige im Kölner Tagblatt vom 7.3.2000

Sehr geehrte Frau Wagner,

nach dem freundlich-informativen Telefonat mit Herrn Heinrich möchte ich hier meine Bewerbungsunterlagen überreichen und Ihnen meine professionelle Unterstützung Ihres Niederlassungsleiters anbieten.

Kurz zu meiner Person: Ich habe als Assistentin eines Vorstandsmitglieds mein Können unter Beweis gestellt, bin flexibel, verfüge über die notwendige Sekretariatserfahrung und weiß, was kundenorientiertes Arbeiten bedeutet.

Für die Zeit ab Mai 2000 suche ich eine entwicklungsfähige Position, bei der selbständiges Arbeiten, Team- und Kontaktfähigkeit sowie Eigentinitiative und Dynamik gefordert sind.

Gerade die Möglichkeit, von Anfang an den Erfolg Ihres neuen Standorts mitzugestalten, reizt mich an der skizzierten Aufgabe. Den außerordentlichen Anforderungen dieser Phase kann ich durch meinen vielseitigen Erfahrungshintergrund in einem besonderen Maße entsprechen.

Mehr über mich auf den nächsten Seiten.
Ich freue mich auf eine Einladung.

Mit freundlichen Grüßen aus Mainz

Silke Uhland

Anlagen

 → *Kommentar Seite 77*

Bewerbung als Assistentin des Leiters der Geschäftsstelle Köln

Silke Uhland
Bahnhofstr. 1a
55518 Mainz

Telefon: 0 22 12 / 34 86

 → *Kommentar Seite 77*

Silke Uhland	**LEBENSLAUF**
geboren:	5. Januar 1968 in Wanne-Eickel
Familienstand:	ledig und kinderlos

Schul- und Hochschulbildung

1974 – 1978	Grundschule
1978 – 1980	Hauptschule
1980 – 1984	Aufbaurealschule
1984 – 1987	Gymnasiale Oberstufe der Gesamtschule Wanne-Eickel Abitur
1987 – 1992	Studium der Politischen Wissenschaft, Soziologie und Neueren Deutschen Literatur Magister-Artium-Examen

---

Um Einblicke in die unterschiedlichen Organisations- und Betriebsstrukturen zu gewinnen, setzte ich mir nach Abschluss meines Studiums das Ziel, in den folgenden fünf Jahren vielfältige Berufserfahrungen zu sammeln. Meine Arbeitsfelder waren bisher:

Kommunikations- und Informationsmanagement

Stadt Düsseldorf: Redaktionelle Mitarbeit bei der Erstellung des Ausstellungskatalogs „Hauptstadt: Residenzen und Stadtentwicklung in der deutschen Geschichte"	10/1992 – 12/1992
Kommission der Europäischen Gemeinschaft, Brüssel: Betreuung der Multimediakampagne zum Euromarkt 1994 über die Werbeagentur GfK	01/1993 – 06/1993
Europäisches Parlament, Straßburg: Friedrich-Naumann-Stipendium, Sektion Förderung Postgradualer Studien	10/1993 – 12/1993

 ➔ *Kommentar Seite 77*

Öffentliche Verwaltung

Gesamtdeutsches Institut, Berlin: Recherche und Dateierstellung zum Thema „Kulturpolitik in der DDR“	07/1993 – 11/1993
Inter Nationes e.V., Frankfurt: Führung des Referatssekretariats „Kultur“	01/1994 – 03/1994

Personal- und Bildungsarbeit

Carl-Duisberg-Gesellschaft, Köln: Mitarbeit in verschiedenen Projekten zur Wissenschaftsförderung	05/1994 – 02/1995
Oberrhein-Verlag GmbH, Wesel: Assistentin im Projekt „Zukunftsorientierung im Verlagswesen“	07/1995 – 10/1995
Volkswagen, Wolfsburg: Assistentin des Personalmanagers Europäische Union	01/1996 – 09/1999

Verkauf/Vertrieb

BASF Lacke + Farben AG, Heidelberg: Abteilungsleiterin in der Sektion „Refinish“	10/1997 – 03/1999

Fortbildung

Institut für Datenverarbeitung und Betriebswirtschaft, Hannover: Grundlagenkurs „Betriebswirtschaft, Spezialisierung Personalwesen“	04/1999 – 03/2000
London Chamber Of Commerce And Industry: English for Business	10/1999

Hobbys

Schwimmen
Segeln
Kunststudien über den Maler Marc Chagall

Mainz, 14. März 2000

Silke Uhland

→ Kommentar Seite 77

Ich über mich

Seit einigen Jahren bin ich
begeisterte Seglerin.

Die Winde der Ostsee
immer wieder neu zu erfahren,
mal im ruhigen Fahrwasser zu gleiten,
mal durch aufbrausendes und
unruhiges Meer,
jedes Mal sich auf die aktuellen
Gegebenheiten einstellen,
sei es im Frühjahr, aber auch im Herbst
wenn die Winde rauher werden,
reizt mich.

Das eigene Können einbringen
in das Zusammenspiel des Teams.
Mit dem Vertrauen
in die gemeinsame Kraft
und dem Ziel im Blick,
Ausdauer unter Beweis zu stellen
– das ist es, was ich will.

Segeln, wie Zusammenarbeiten:
sicherlich auch eine Frage des Muts.

Anlagen

Zeugnis der Volkswagen AG, Wolfsburg

Zeugnis der BASF Lacke + Farben AG, Heidelberg

Zeugnis zur Studie „Zukunftsorientierung im Verlagswesen im Oberrhein-Verlag GmbH, Wesel"

Zeugnisse des Instituts für Datenverarbeitung und Betriebswirtschaft, Hannover

Zeugnis der Carl-Duisberg-Gesellschaft, Köln

Certificate der London Chamber of Commerce and Industry

Kopie des Magister-Artium-Examens

 → *Kommentar Seite 77*

Zu den Unterlagen von Silke Uhland

Ein etwas ausführlicheres **Anschreiben** enthält uns leider die berufliche Qualifikation unserer Bewerberin vor. Der Briefanrede und dem folgenden Text ist zu entnehmen, dass mit der eigentlich verantwortlichen Person (Frau Wagener) leider nicht direkt telefoniert worden ist. Gliederung und Inhalt des Schreibens sind eher konservativ, die Formulierungen dennoch recht ansprechend, der Abschluss hat durchaus etwas Verbindliches und Liebenswürdiges (vielleicht in dieser Form besonders für eine Bewerberin geeignet). Trotz guter »dramaturgischer« Abfolge der Bausteine: Das Fehlen der sehr wichtigen Grundinformationen (berufliche Ausbildung, Erfahrungshintergrund) wirkt nach und nimmt dem ansonsten sehr gut formulierten Brief leider viel an positiver Wirkungskraft. Hier gibt es Verbesserungspotenzial.

Optimistisch eingeschätzt machen diese Defizite eventuell neugierig auf das, was noch kommen muss (optimistisch ...!) – unter der Voraussetzung, dass das Anschreiben zuerst gelesen wird, was allerdings in der Alltagspraxis keinesfalls die Regel ist.

Das **Deckblatt** ist unspektakulär gestaltet (wieder kein Hinweis auf den beruflichen Hintergrund, leider auch kein Wiedererkennungswert für den Empfänger) und bietet einem attraktiven **Foto** Platz. Format, »Anschnitt«(Sie wissen jetzt, was darunter zu verstehen ist), die dunklen Flächen, die außergewöhnliche Kopfdrehung, das alles erzielt eine positive Wirkung. Mit Interesse an der Bewerbung wird jetzt weitergeschaut. Das etwas schlichte Layout des Deckblattes sollte unserer Einschätzung nach überarbeitet werden.

Die Präsentation des **Lebenslaufes** ist innovativ, vor allem hinsichtlich der Gliederung nach Arbeitsfeldern. Die eingearbeitete Kurztextpassage (»Um Einblicke in die unterschiedlichen ... Strukturen zu gewinnen ...«) wirkt hilfreich und macht, kritisch betrachtet, aus der Not eine Tugend, was den beruflichen so genannten »roten Faden« anbetrifft. Leider sind dann aber auf der folgenden Seite die Themen »Fortbildung«, vor allem aber »Hobbys«, nicht deutlich genug abgegrenzt. Eine andere Schriftgröße wäre hier wünschenswert und würde die eingangs gut platzierten Sätze auch inhaltlich noch einmal unterstreichen. Beide Seiten sind jedoch grafisch ansprechend, z.T. auch unkonventionell gestaltet.

Die Aufzählung der Hobbys ist übrigens besonders außergewöhnlich und reizt zu Nachfragen (im Vorstellungsgespräch!). Darauf muss die Kandidatin gut vorbereitet sein. In der Realität kam es zu interessanten Gesprächen, die sehr schnell zu einer Einstellung führten.

Besonders auffällig: die »**Dritte Seite**« – sowohl inhaltlich als auch im Layout. Eine wichtige, aussagekräftige Botschaft der Bewerberin wird mittels eines starken Bildes transportiert.

Anhand des Hobbys wird eine Art Persönlichkeitsporträt vermittelt. In der Tat sagen ja die in einer Bewerbung mitgeteilten Interessen und Hobbys immer Wesentliches über den Charakter eines Kandidaten aus. Deshalb ist gerade dieser Punkt in den Bewerbungsunterlagen ausgesprochen wichtig. Immer wieder wird aber von Bewerbern der Standpunkt vertreten: Was gehen denn meine Hobbys eigentlich den Arbeitgeber an? Diese Haltung signalisiert, dass noch nicht das richtige Bewusstsein für die Essentials einer Bewerbung vorhanden ist. Denn neben dem Faktor Kompetenz sind es besonders die in den schriftlichen Unterlagen vermittelte Leistungsmotivation und die Persönlichkeit des Bewerbers, die zu einer Absage oder einer Einladung zum Vorstellungsgespräch führen.

Das hier präsentierte, fast schon poetische Beispiel ist vielleicht eher bei Geistes- als bei Naturwissenschaftlern zu erwarten und zu empfehlen, und außerdem auch nicht jedermanns Geschmack, aber wem's gefällt ... In der Bewerbungsrealität jedenfalls löste dieser Text starkes Interesse an der Kandidatin aus – mit dem gewünschten Ergebnis einer hohen Anzahl (um beim Segeln zu bleiben: einer Flut) von Einladungen.

Einschätzung

Ein außergewöhnliches Beispiel, das Wertschätzung findet, sich zum Teil aber auch noch verbessern lässt. Insgesamt gut bis besser.

Roland Rothe
Hahnenweg 2
14465 Potsdam
Telefon (0331) 543 21

Süddeutsche Beton Werke AG
Dr. Heinrich Oppel
Industriestr. 17

70565 Stuttgart

10. August 2000

Bewerbung für den Bereich Unternehmenskommunikation

Sehr geehrter Herr Dr. Oppel,

aus ungekündigter Position suche ich im Bereich Unternehmenskommunikation in Ihrem Haus eine neue Herausforderung und biete Ihnen meine Mitarbeit an.

Ich wünsche mir neue Aufgaben im PR-Bereich und möchte gerne einen Beitrag zur Weiterentwicklung Ihrer unternehmensinternen Kommunikation leisten.

Mein Wissen und Können habe ich beim Aufbau einer Abteilung für Öffentlichkeitsarbeit beim TÜV Brandenburg unter Beweis gestellt. Die dabei gemachten Erfahrungen sowie meine starke Leistungsmotivation, gepaart mit hoher Lernbereitschaft, sind eine gute Ausgangsbasis für dieses neue Aufgabengebiet.

Auf eine Einladung freue ich mich.

Mit freundlichen Grüßen

Roland Rothe

Anlage
Bewerbungsmappe

 → *Kommentar Seite 84*

*Vertrauen ist für alle Unternehmungen
das größte Betriebskapital, ohne welches
kein nützliches Werk auskommen kann.
Es schafft auf allen Gebieten die Bedingungen
gedeihlichen Geschehens.*
(Albert Schweitzer)

Roland Rothe
Hahnenweg 2
14465 Potsdam
Telefon (0331) 54321

Bewerbung

---

im Bereich
interne Unternehmenskommunikation
der
Süddeutschen Beton Werke AG
Stuttgart

 → *Kommentar Seite 84*

Roland Rothe
Hahnenweg 2
14465 Potsdam
Telefon (0331) 543 21

Zur Person
geboren am 30. April 1963 in Münster (Westf.)
verheiratet, ein Kind

Ausbildungshintergrund
Diplom-Politologe, Diplom-Übersetzer

Potsdam, 10. August 2000

 ➔ *Kommentar Seite 84*

Berufliche Tätigkeit

Seit Oktober 1996	Hauptverantwortlicher Leiter des Referats Öffentlichkeitsarbeit beim Technischen Überwachungsverein Brandenburg in Potsdam
Schwerpunktaufgabe	Konzeption und Organisation der gesamten PR-Aktionen für den TÜV Brandenburg
Januar 1994 bis September 1997	Assistent des Technischen Leiters beim Industrieverband der Hersteller kunststoffverarbeitender Pressmaschinen mit folgenden Aufgaben: Herausgabe von Pressemitteilungen, Erstellung eines Pressespiegels (KVPM Newsletter), Überarbeitung von Artikeln für die Fachpresse, Veranstaltungsorganisation, Übersetzungen, Koordination von Prüfprogrammen, Mitarbeit bei der Herausgabe von Verbandspublikationen, sprachliche Ausarbeitung von Vorträgen

Erfahrungsbasis

Konzeptionelle und strategische Öffentlichkeitsarbeit

Grundsatzfragen der Öffentlichkeitsarbeit in der Arbeitsschutzverwaltung Brandenburg (Mensch, Technik, Organisation, Gesellschaft: Sicherheit, Gesundheit und Wohlbefinden in der Arbeitswelt)

Konzeption, Planung und Organisation der gesamten PR-Aktivitäten

- eines „Fortbildungskonzeptes zur bürgernahen Kommunikation"
- eines „Konzeptes zur flankierenden Veränderungsfortbildung" im Rahmen der Neuorganisation der Öffentlichkeitsarbeit
- eines „Kooperationsprofils" für potenzielle Partner
- Betreuung und Pflege der Pressekontakte sowie deren Ausbau, auch auf Messen und Pressekonferenzen

Operatives PR-Management

- Einführung und Weiterentwicklung einer IT-unterstützten Aufbau- und Ablauforganisation
- Erstellen von Texten für alle Informationsmedien im Werbebereich, dazu gehören Anzeigen, Produkt- und Imageprospekte, Multimediaanwendungen inkl. der dazugehörenden Recherchen
- Entwurf von Pressetexten, von der Kurzmeldung bis zum Expertenbericht, sowohl für Fachzeitschriften als auch für die aktuelle Tagespresse
- Vorbereitung und Durchführung von Presseaussendungen
- Redaktion und Abwicklung der Hauszeitschrift
- Entwicklung von Seminarkonzepten in den Bereichen Kommunikation, Verhalten und Methoden

 ➔ *Kommentar Seite 84*

- Methodisch-didaktische Beratung bei der Entwicklung, Erprobung und Umsetzung von Seminarkonzepten im technischen Bereich
- Aufbau und Pflege einer dem TÜV Brandenburg dienlichen Infrastruktur im Bereich der öffentlichkeitswirksamen Medien
- Diverse Akquisetätigkeiten (Referent/innen, Tagungsstätten, Kooperationspartner)
- Konzeption und Kalkulation des jährlichen Veranstaltungskalenders

Organisation	• Veranstaltungsabwicklung • Vorschläge zur Auswahl und Beschaffung von Fachliteratur, Medien und Arbeitsmaterialien

Berufliche Weiterbildung

Juli und August 1993	Grundlagen des Verwaltungshandelns für Beschäftigte des Höheren Dienstes, Fortbildungsakademie des Innenministeriums, Frankfurt an der Oder
März 1994	Betriebssoziologische Theorie-Praxis-Tage Universität der Bundeswehr, Mainz
September 1998	„Erfolgsorientierte Steuerung industrieller PR-Arbeit" Management-Konferenz des *Institute for International Research*, Berlin
März 1999	Zeichnen und grafisches Gestalten mit Adobe Illustrator, EDV Institut Berlin

Studium

04.1984 – 10.1988	Übersetzer-Studium Universität Mainz Sprachenkombination: Englisch und Französisch Spezialdisziplin: Technik und EDV Abschluss: Diplom-Übersetzer, Gesamtnote 2,0 PR-relevante Aspekte dieses Studiums: Rhetorik, Stilkunde und Kommunikationswissenschaft
10.1988 – 10.1993	Politikwissenschaften an der Goethe-Universität Frankfurt a.M. Hauptstudium mit den Teilbereichen Regierungslehre und Methoden der Politikwissenschaften Themenschwerpunkte: Konzeptionen zur Reformierung öffentlicher Verwaltungen, Zukunft der Erwerbsarbeit Nebenfach Soziologie mit dem Teilbereich Arbeitssoziologie Themenschwerpunkte: Führung und Kooperation im Personalwesen, Arbeitsorganisation und Neue Technologien

 ➔ *Kommentar Seite 84*

Schulausbildung

05. 1983	Nach Grundschule und integrierter Gesamtschule Abitur am Friedrich-Stein-Gymnasium in Münster
04. 1984	Prüfung zum Fremdsprachenkorrespondenten und technischen Dolmetscher in Englisch, nach Besuch des Sprachlabors für Erwachsene vor der Industrie- und Handelskammer zu Köln

Sonstige Kenntnisse

Sprachen

Englisch	sehr gut, siehe auch Übersetzer-Diplom
Französisch	sehr gut, siehe auch Übersetzer-Diplom
Spanisch	solide Grundkenntnisse
EDV	Microsoft Office Professional Adobe Illustrator Quark Xpress Macromedia Director
Führerschein	Klassen 1, 2, 3

Potsdam, 10. August 2000

Roland Rothe

 → *Kommentar Seite 84*

Zu den Unterlagen von Roland Rothe

Alternativbild. *Vergleichen Sie dazu das* ***Bewerbungsfoto*** *auf* ***→ Seite 80.***

Mit dieser Initiativbewerbung aus ungekündigter Position und einem solch kurzen, aber gut getexteten **Anschreiben** gelingt es dem Kandidaten bestimmt, beim Leser Interesse zu wecken.

Ein wirklich interessant gestaltetes **Deckblatt** weist den Kandidaten als PR-Fachmann auch in eigener Sache aus. Diesen Eindruck verstärkt auch noch das folgende Blatt mit **Foto** (Format und Bildausschnitt)! und Daten zur eigenen Person. Eine außergewöhnliche grafische Gestaltung, die aber bestimmt Aufmerksamkeitswert hat. Wie gefällt Ihnen die Fotoalternative?

Die nun folgenden Seiten sind gefüllt mit Qualifikationsmerkmalen und Nachweisen und wirken fast schon ein bisschen überladen. Trotzdem eine interessante Präsentationsform, die sicherlich viele Leser überzeugen wird. Gut gelungen ist auch die Abfolge der Themenblöcke »Berufliche Tätigkeit« – »Erfahrungsbasis« – »Weiterbildung« ..., die dramaturgisch geschickt und inhaltlich informativ den Kandidaten ins richtige Licht setzen. Kein Wunder, denn hier handelt es sich ganz deutlich um eine Art erster Arbeitsprobe. Die Gestaltung des **Anlagenverzeichnisses** fügt sich auch im Design den anderen Themenblöcken gut an – hier aus Platzgründen nicht zu begutachten.

Aus verständlichen Gründen hat der Kandidat hier auf eine »**Dritte Seite**« verzichtet. Für Sie als Leser wichtig: Eine »Dritte Seite«, so sinnvoll sie auch sein kann, darf nicht zum Muss oder zu einer Pflichtübung verkommen. Sie müssen schon etwas wirklich Wichtiges mitzuteilen haben, ansonsten ist es besser, Sie verzichten darauf.

PS: Selbstverständlich sollten Sie immer mit blauer Tinte und Vor- und Zunamen unterschreiben. Die Platzierung im Lebenslauf spielt kaum eine Rolle: über, unter oder neben dem Datum.

Einschätzung

Eine gelungene, neue Form der Präsentation mit vielen frischen Ideen.

Stefan Pröll, Diplom-Betriebswirt, Mommsenstr. 73, 10629 Berlin

Stefan Pröll
Diplom-Betriebswirt
Mommsenstr. 73
10629 Berlin
sproell@aol.de

Tel.: 030 / 881 49 03

Manpower Personaldienstleistungen
Personaldirektion
Wiesbadener Str. 40

12181 Berlin

Berlin, 2. Oktober 2001

Bewerbung als Niederlassungsleiter
Ihre Anzeige im Nordberliner Kurier vom 30.9.2001

Sehr geehrte Damen und Herren,

nach dem freundlich-informativen Telefonat mit Herrn Heinrich erhalten Sie hier meine Bewerbungsunterlagen. Im Folgenden eine kurze Darstellung meiner Person:

- Diplom-Betriebswirt, Kommunikationstechniker, 35 Jahre alt
- 6 Jahre IBN-Berufserfahrung, Gebietsleiter (Teamleiter)
- hochmotiviert, leistungsstark und zielorientiert
- Erfahrung in Personaldienstleistungen

Meine Gehaltsvorstellung liegt bei 60.000,-- Euro p.a. Der früheste Eintrittstermin wäre der 2. Januar 2002.

Über eine Einladung zu einem persönlichen Gespräch freue ich mich.
Mit freundlichen Grüßen

Stefan Pröll

Anlagen

 → Kommentar Seite 91

BEWERBUNGSUNTERLAGEN
KENNZIFFER 368

MANPOWER PERSONALDIENSTLEISTUNGEN

STEFAN PRÖLL

Diplom-Betriebswirt
Mommsenstr. 73

10629 Berlin

 → *Kommentar Seite 91*

Stefan Pröll

Mommsenstr. 73
10629 Berlin

Tel.: 030 / 881 49 03
E-Mail: sproell@aol.de
geboren am 13. August 1964 in Berlin
ledig, keine Kinder

Resümee
berufliche und persönliche Kenntnisse, Erfahrungen und Fähigkeiten

IBN

Vom Trainee bis zum Gebietsleiter (Umsatz 8 Mio. Euro) habe ich mir, aufbauend auf dem Studium der Betriebswirtschaft, wichtige Kenntnisse und Fertigkeiten in der freien Wirtschaft angeeignet.

USA

Auslandserfahrung, mit Abschluss eines „High School Diploma", hat meinen Horizont wesentlich erweitert.

ZIEL

Zu meinen wichtigen persönlichen Eigenschaften gehört das Vermögen, mir Ziele zu setzen, und diese dann gemeinsam mit meinen Partnern zu erreichen.

Lebenslauf

Berufspraxis

Juni 1997 Sep. 2001		IBN Telekom GmbH & Co. KG, Berlin Gebietsleiter für die NBL Vertriebsbeauftragter

- Gebietsleiter (Teamleiter einer 4er-Gruppe)
  Umsatzverantwortung für 8 Mio. Euro
  Betreuung der autorisierten Händler
- Portefeuille-Analysen und Erarbeitung von Marketingstrategien
  Vertriebsbeauftragter für Multimedia
- Projektleiter für Industriemessen
- Projektleitung für die Neuentwicklung von CD-Roms auf dem Telefonmarketingsektor

Febr. 1994 Juni 1997		IBN Telekom Deutschland, Frankfurt am Main Bereich Feinmarketing

- Leitung eines Projektes für den Europäischen Markt im Bereich der Bankautomation
- Planung der Logistik und Materialbestellung

Jan. 1990 Dez. 1991		Job-Zeitarbeit GmbH Bereichsstellenleiter

 ➔ Kommentar Seite 91

Studium und Berufsausbildung

Sept.	1992	Schule für Kommunikation und EDV, IBN Telekom
Febr.	1994	Abschluss: Kommunikationsmanager
Jan.	1992	Australienaufenthalt
Aug.	1992	
Okt.	1985	Fachhochschule für Wirtschaft, Hamburg
Sept.	1988	Abschluss: Diplom-Betriebswirt

Schulausbildung

April	1971	Carl-von-Ossietzky-Schule, Hamburg
Juni	1981	Grund- und Oberschule
Aug.	1982	Oberstufenzentrum für Wirtschaft, Hamburg
Dez.	1983	Abschluss: Abitur
Aug.	1981	Austauschschüler in den USA
Juli	1982	High School in Baltimore/USA
		Abschluss: High School Diploma

Weitere Tätigkeiten

von	1984	zur Finanzierung des Studiums Tätigkeiten
bis Dez.	1989	im Gastronomiebereich sowie Wissenschaftlicher
		Mitarbeiter bei Steuerberater Wilske, Hamburg

Engagement und Hobbys

Leitung einer Jugendgruppe im Paritätischen Wohlfahrtsverband Berlin (Ausbildung zum Jugendleiter)

Golf und Tauchen
Mitglied im Golfclub Hohenkremmen

Berlin, 2.10.2001

Stefan Pröll

 → *Kommentar Seite 91*

Wie ich wurde, was ich bin

Meine privaten und beruflichen Aufenthalte in angelsächsischen Ländern, wie den USA und Australien, prägten nachhaltig meinen Wunsch, in einem amerikanisch geführten Unternehmen zu arbeiten.

In acht Jahren vielseitiger IBN-Erfahrung, zunächst als Trainee und später als Gebietsleiter im Vertrieb, konnte ich mir einen sehr guten Überblick über das Zusammenspiel der verschiedenen Bereiche in einem Unternehmen erarbeiten. Mit Kundenkontakten auf jeder Ebene, Verkauf und Logistik bin ich bestens vertraut. Umsatz- und Marketingziele sind für mich persönliche Herausforderungen, denen ich mich gern und mit hohem Engagement stelle.

Teamgeist, Durchsetzungsvermögen und Lernbereitschaft kennzeichnen mich ebenso wie meine Fähigkeiten, guten Kontakt zu Mitmenschen aufzubauen, um gemeinsam mit ihnen etwas zu bewegen, zu erreichen.

 → *Kommentar Seite 91*

Zu den Unterlagen von Stefan Pröll

Ein kurzes, knappes, sehr übersichtliches **Anschreiben** eröffnet den Reigen – leider nur mit der globalen Anrede »Sehr geehrte Damen und Herren«, da ein konkreter Ansprechpartner trotz eines Telefonates nicht ausfindig zu machen war. Wirklich schade, denn was bereits hier zum Ausdruck kommt, hätte umso mehr Gewicht, wenn sich der »personalverantwortliche« Empfänger und Leser persönlich angesprochen fühlen könnte. Immerhin bezieht sich der Kandidat auf ein telefonisches Vorabgespräch mit Herrn Heinrich, um dann auf den Punkt zu kommen: eine gelungene Kurzpräsentation mit vier wichtigen Botschaften: beruflicher Ausbildungshintergrund, Alter und Berufserfahrung, persönliche Eigenschaften, spezielle berufliche Kenntnisse.

Die vorgetragenen Daten zur Gehaltsvorstellung und zum frühesten Eintrittstermin waren in der Anzeige explizit erbeten. Der Kandidat sah keine Chance, sich hier weiter bedeckt zu halten, hat aber dieses Problem kurz und präzise gelöst.

Das **Deckblatt** ist klar und übersichtlich und würde bereits Platz für das Foto bieten. Die präsentierten Angaben sind für Empfänger wie Absender gut gewählt (z. B. Verzicht auf die Anschrift des Empfängers, Weglassen der Telefonnummer des sich bewerbenden Absenders).

Die sich anschließende **erste Seite** mit **Foto**, persönlichen Daten und Resümee überrascht in ihrer klaren, informativen und präzisen Gestaltung. Das ausgewählte Foto wie auch die hier gezeigte Alternative sind sicherlich kontrovers zu diskutieren. Na bitte, wir zeigen Mut …

***Alternativbild** zu den Bewerbungsunterlagen von Stefan Pröll. Vergleiche* *→ **Seite 87**.*

Die gewählte Überschrift (Resümee) mit Erklärungszeile sowie die drei folgenden Kurztitel der Infoblöcke verführen zum Lesen und sind inhaltlich spannend gestaltet. Als Leser gewinnt man den Eindruck: Da bringt einer wirksame Botschaften rüber! Grafisch sind die Unterlagen exzellent gestaltet, es lässt sich mit kurzem Blick das Wesentliche schnell erfassen. Man wird neugierig auf die folgenden Seiten. Schon jetzt sind die Weichen für den Kandidaten positiv gestellt. Ebenfalls sehr angenehm: die kleine ästhetische Kopfzeile mit Namen und Berufsbezeichnung. Der Leser der Unterlagen weiß also ständig, mit wem er es zu tun hat.

Apropos Ästhetik: Wenig Text und viel an weißer Seite lassen die Beschäftigung mit den Unterlagen nie schwer oder mühevoll erscheinen. Die geschickte Schrifttype und -art (Fettschrift, Groß- und Kleinschreibung) tragen ganz wesentlich dazu bei.

Beim **Lebenslauf** wird mit der Berufspraxis und den neuesten Daten begonnen. Auch hier finden sich wieder alle guten Eigenschaften, die wir auf den vorangegangenen Seiten positiv gewürdigt haben (interessante, präzise Informationen, sehr ästhetisch und damit leicht lesbar präsentiert, also keine Bleiwüste, keine Angst vor dem weißen Papier).

Die nächste Seite informiert über Studium, Berufs- und Schulausbildung und endet mit Informationen zu Engagement und Hobbys. Die Kopfzeile (Name, Beruf, Anschrift) vermittelt nun mehr schon das Gefühl einer »Corporate Identity«.

Die von uns entwickelte **»Dritte Seite«** hat eine recht provokant gewählte Überschrift, die aber durch den folgenden Inhalt gerechtfertigt erscheint. Die Gliederung und die relativ kurzen Absätze machen den Text nicht nur gut lesbar, sie vermitteln die Botschaft auch absolut glaubwürdig. Die hier transportierten Aussagen runden den guten Eindruck des Bewerbers ab und führten übrigens in der Bewerbungsrealität zu einer wahren Flut von Einladungen – mit der Konsequenz, dass sich der Kandidat unter mehreren attraktiven Arbeitsplatzangeboten das interessanteste aussuchen konnte.

Zum Schluss noch eine Frage, liebe Leserin, lieber Leser: Haben Sie bemerkt, dass sich unser Kandidat aus der Arbeitslosigkeit heraus beworben hat?

Zu guter Letzt: Das hier nicht vorgelegte **Anlagenverzeichnis** existiert.

Einschätzung: Top! Sehr, sehr gut.

Dr. Emil Schwarzenberg
Hohenzollerndamm 17
10719 Berlin

Telefon 030 / 87127 13

Berlin, 1.2.2000

Atochem AG
z. Hd. Herrn Abold
Bergstraße 60

53120 Troisen

Bewerbung als Dipl.-Ing. für Kunststofftechnik

Sehr geehrter Herr Abold,

hier wie telefonisch besprochen meine Bewerbungsunterlagen.

Nach Absolvierung des technischen Projektmanagement-Lehrgangs möchte ich Ihnen gerne bei den skizzierten Problemstellungen mein fachliches Know-how, meine Mitarbeit anbieten.

Ich habe mich bereits mehrere Jahre intensiv mit der Qualitätskontrolle von Elastomeren und Polyester beschäftigt. Auch ein Teilgebiet meiner Promotion befasst sich mit der Sicherung von Qualitätsstandards von Polyurethan-Formteilen.

Zum 1. März 2000 könnte ich bereits Ihrem Unternehmen zur Verfügung stehen und freue mich, bald von Ihnen zu hören.

Mit freundlichen Grüßen aus Berlin

Anlagen

 → Kommentar Seite 98

Zu meiner Person

Persönliche Daten

Dr. Emil Schwarzenberg
geboren am 03.08.1956
in Wismar
unverheiratet

Kenntnisse, Erfahrungen und Fähigkeiten

- Konstruktion, Verarbeitung und Anwendung von Kunststoffen und Thermomaterial
- Grundlegendes Wissen der Volks- und Betriebswirtschaft
- Verhandlungs- und Gesprächsführung
- Berichterstattung gegenüber Industriepartnern
- Konzeptionelle und organisatorische Arbeit im Vertrieb
- Akquisition und Kundenbetreuung
- Qualitätssicherung
- Mitarbeiterführung
- Arbeiten in einem internationalen Konzern
- Selbständiges und eigenverantwortliches Arbeiten
- Teamarbeit

 → *Kommentar Seite 98*

Lebenslauf

Berufstätigkeit

1991 – 1997	Verkaufsrepräsentant, Freudenberg AG Geschäftsbereiche: Technische Kunststoffe, Elastomere, Polyester
1989 – 1990	Qualitätskontrolle für die kunststoffverarbeitenden Kombinate Friedrich-Engels-Werke in Rudolstadt/Thüringen
1986 – 1989	Abteilungsleiter für Forschung und Entwicklung in der Berliner Zentrale des Kombinates Friedrich Engels, Polyesterwerk Berlin
1980 – 1983	Wissenschaftlicher Mitarbeiter im Institut für Angewandte Polymerforschung (IAP) in Teltow-Seehof unter Professor Heinz Zimmermann

Berufliche Aus- und Weiterbildung

1997 – 1999	Technisches Projektmanagement Schulungszentrum Hamburg (Berlin) mit den Schwerpunkten: • Betriebswirtschaftslehre • Projektmanagement • Buchführung, Controlling • Recht (BGB, HGB), Gesellschaftsrecht • EDV
1990 – 1991	Fortbildung in Verkaufstraining, Wirtschaftsenglisch, Moderne Kunststoffentwicklung
1984 – 1986	Doktorarbeit an der Technischen Universität Dresden zum Thema: Entwicklung und Fertigung von Polyurethan-Formteilen
1985	Sprachausbildung in Französisch
1987	Promotion
1975 – 1980	Studium in der Fachrichtung Kunststofftechnik an der Technischen Universität Dresden Schwerpunkte: • Allgemeiner Maschinenbau • Konstruktion und Anwendung von hochpolymeren Werkstoffen
1974 – 1975	Wehrdienst bei der Luftwaffe der Nationalen Volksarmee Einsatz in der Logistik der Armee-Einheit in der technischen Beschaffung

 ➔ *Kommentar Seite 98*

Bildungsweg

1962 – 1974	Schulausbildung Allgemeine Hochschulreife

Kenntnisse und Interessen

EDV	Programme: MS-Office 2000, DATEV
Fremdsprachen	Englisch in Wort und Schrift, Französisch, Russisch
Führerschein	Klasse 3
Interessen	Segeln, Reiten, Wandern Börsenbetrieb

Berlin, den 1. Februar 2000

Was Sie noch über mich wissen sollten ...

Mit dem Ziel, meine Arbeitswelt verantwortungsbewusst und aktiv mitzugestalten, habe ich mein Wissen kontinuierlich erweitert und dieses dann in der Praxis erprobt und umgesetzt. Dabei erwarb ich nicht nur praktische Erfahrungen in den Bereichen der Konstruktion, Fertigung und Qualitätssicherung sowie des Vertriebs, sondern es entwickelten sich neben meiner Fähigkeit zum selbständigen und eigenverantwortlichen Arbeiten auch soziale Kompetenz und Führungsvermögen.
Der Umgang und die zielorientierte Zusammenarbeit mit anderen Menschen sind für mich persönlich von großer Bedeutung.

Mein berufliches Engagement auf verschiedenen Fachgebieten zeigt meine Flexiblität und den Mut, Bewährtes zu verlassen, um Neues zu entdecken.

In der Ergänzung meines bisherigen beruflichen Profils durch eine wirtschaftlich-kaufmännische Ausbildung sehe ich eine solide Grundlage für meinen weiteren Berufsweg.

 → *Kommentar Seite 98*

Anlagen

Zeugnis für Technisches Management
Zeugnis für Öffentlichkeitsarbeit
Zeugnis Freudenberg AG
Promotionsurkunde
Diplomurkunde
Reifezeugnis

 → *Kommentar Seite 98*

Zu den Unterlagen von Dr. Emil Schwarzenberg

Das persönliche **Anschreiben**, eine Art Initiativbewerbung, ist angenehm, kurz und präzise. Es knüpft an ein vorab geführtes Telefonat an. Hauptaussage: Der Kandidat hat sich mit den potenziellen Arbeitsinhalten der neuen Position bereits beschäftigt. Trotzdem fehlt hier der Hinweis auf eine positive Berufsidentität. Ob der Bewerber den Ingenieur (ggf. welcher), einen Chemie- oder noch einen anderen Berufsausbildungsabschluss hat – auch wenn die Promotion den Bewerber als Vollakademiker ausweist –, bleibt leider unklar.

Jetzt folgt eine neue Form der persönlichen Datenpräsentation, eine andere Art des **Deckblattes**, einer ersten Seite – endlich auch mit einer neuen Überschrift (»Zu meiner Person«) und angemessenem Platz für das **Foto** (Querformat, sympathisches Lächeln, leichter »Anschnitt«). Für den eiligen Leser wird Wichtiges prägnant und sehr schön übersichtlich bereits an dieser exponierten Stelle auf den Punkt gebracht. Nun bestens eingestimmt, blättert der Leser erwartungsvoll um.

Der folgende so genannte **Lebenslauf** (auf diese Überschrift zu verzichten, fällt schwer) ist interessant aufgebaut und gestaltet, vom Umfang her gut lesbar, bei klarer Gliederung der Hauptabschnitte (»Berufstätigkeit«, »berufliche Aus- und Weiterbildung« etc.). Der Rand ist – nach der Seite »Zu meiner Person« – neu gesetzt. Allerdings wäre die Kopfzeile – Name, »Bewerbung als ...« – bereits ab der zweiten Seite des Lebenslaufes sinnvoll. Die angegebenen Interessen lösen bestimmt Neugierde aus. Eine aktuelle Einschätzung des Aktienmarktes ist als Frage im Vorstellungsgespräch mit Sicherheit zu erwarten.

Die **»Dritte Seite«** beginnt mit einem echten »Hingucker« als Überschrift.

Einschätzung

Zum Teil sehr gute neue Ideen, einiges ist aber auch verbesserungsfähig.

Heinz Dauerwald
Diplom-Ingenieur für Umwelttechnik
Stillerzeile 55
12587 Berlin (Köpenick)

Telefon: 030 / 111 79 89

Berlin, 19.03.2000

Asian Technik GmbH
z. H. Herrn Dr. Falk
Wagnerstr. 77

12345 Berlin

Ihre Anzeige vom 14.03.2000 / Projektleitung

Sehr geehrter Herr Dr. Falk,

aus ungekündigter Position suche ich im Bereich rechnergestützte Verarbeitungstechnik eine neue Herausforderung.

Die von Ihnen beschriebene Projektleitung entspricht meinen Fähigkeiten und Neigungen. Auf diesem Sektor verfüge ich bereits über eine mehrjährige Erfahrung und habe verschiedene Großprojekte in von mir geleiteten Teams nachweislich erfolgreich abgeschlossen.

Meinen beruflichen Werdegang finden Sie in den Unterlagen dokumentiert.
Ich bitte um Verständnis, dass ich meinen jetzigen Arbeitgeber noch nicht nennen möchte.

In einem persönlichen Gespräch – gern vorab zunächst auch telefonisch – würde ich mich freuen, Ihnen weitere Auskünfte (wie z. B. zu den Aspekten Gehalt und Eintrittstermin) geben zu können.

Mit freundlichen Grüßen

Heinz Dauerwald

Anlagen

Heinz Dauerwald, Stillerzeile 55, 12587 Berlin, Telefon: 030 / 111 79 89

Bewerbungsunterlagen

für die

ASIAN TECHNIK GMBH

von

Heinz Dauerwald

Diplom-Ingenieur für Umwelttechnik (TU)

Heinz Dauerwald
Diplom-Ingenieur für Umwelttechnik
Stillerzeile 55
12587 Berlin (Köpenick)

Telefon: 030 / 111 79 89

geboren am 11.03.1960 in Templin
(Uckermark-Kreis)
verheiratet; 3 Kinder

Meine Kenntnisse, Fähigkeiten und Erfahrungen

zurzeit im Bereich Zentrale Dienste
für Elektronik, Mechanik, Sensorik und EDV-rechnergesteuerte Verarbeitungsmaschinen

Anwendungsbereite Kenntnisse
in Prozesssteuerung und Automatisierung

Erfahrung beim Aufbau
neuer Organisationsstrukturen und der Realisierung von Projekten

Mehrjährige Erfahrung an Geräten und Anlagen der Prozessanalytik
unter großchemischen Bedingungen

Führungserfahrung,
unter anderem Verantwortung für eine Gruppe von 6 Technikern

Zielorientierte professionelle Arbeitsweise,
insbesondere auch unter erschwerten Arbeitsbedingungen

 ➔ *Kommentar Seite 105*

Lebenslauf

Berufspraxis

01/1991 – bis jetzt

- **Spezialist** für Elektronik, Mechanik, EDV und rechnergesteuerte Verarbeitungsmaschinen (Projektmanagement); Instandhaltung in mittleren Unternehmen der Filmtechnik
- Inbetriebnahme, Wartung und Reparatur vollautomatischer Anlagen der Produktlinien
- Mikrorechnereinsatz in Büro und Produktion/Systemadministration
- Erstellung diverser EDV-Programme für Büroorganisation
- Führungserfahrung (6 Techniker)

10/1987 – 12/1990

- **Mitarbeiter** für Prozesssteuerung in der Chemie/EDV, Chemische Werke Leuna, Gruppe Verfahrenstechnik
- Projekt der rechnergeführten Polymerisation zur Qualitätsstabilisierung von Lacken
- Maßstabsübertragung vom Labor über Technikum in Produktionskessel
- Erarbeitung von Wirtschaftlichkeitsanalysen
- Konstruktion eines Reinigungsroboters
- Projektadaptierung und Optimierung verfahrenstechnischer EDV-Programme mit neuen IBM-kompatiblen Rechnern

09/1985 – 09/1987

- **Mitarbeiter** für Prozessautomatisierung und Verfahrenstechnik, Chemische Werke Leuna, Abteilung Prozesssteuerung und Automatisierung
- Konzeption und Realisierung multivalent nutzbarer Technikums-Anlagen für organische Spezialprodukte
- Deutliche Ausbeuteerhöhung von Hochpolymeren durch automatische Reaktorsteuerung
- Verbesserung technisch-organisatorischer Abläufe durch Planung, Beschaffung und Einsatzzuordnung von Arbeits- und Betriebsmitteln
- Zusätzliche Profilierung im pädagogischen Bereich: Lehrtätigkeit „Mathematik für Meister-Klassen"

09/1982 – 08/1985

- **Fachingenieur** für automatische Analysengeräte, Chemische Werke Leuna
- Erfolgreiches Projektmanagement bei automatischen Analysenmessanlagen für einen neuen Betriebsteil nach kürzester Einarbeitung
- Termingerechte Ablauforganisation und Mängelbeseitigung
- Anleitung und Aufsicht des Wartungspersonals
- Führungserfahrung (5 Facharbeiter)

 → Kommentar Seite 105

Spezialkenntnisse

12/1981 – 12/1994

- Verschiedene **Lehrgänge** für die Bereiche:
  Chemische Reaktionskinetik,
  Prozessanalyse/Automatisierungstechnik,
  Verfahrenstechnische Grundlagen
- Praktische und Projekt-Erfahrung mit der SPS-SIMATIK S 5
- Praktische und theoretische Erfahrungen in der Prozessanalytik, Automatisierungstechnik
  Gute **Kenntnisse** im Computer-Operating;
  Systemadministrator für UNIX, Linux, VMS,
  PDP-11/RSX (MOOS 1600),
  IBM-360/370, VAX/VMS
- Anwendungsbereite **Erfahrungen** der Sprachen:
  C++, FORTRAN, PL/1, TSO, T-PASCAL, BASIC

Studium und Schule

09/1978 – 07/1982

- TH Halle, Fachrichtung Elektrotechnik,
  Diplom-Ingenieur für Messtechnik

09/1966 – 06/1978

- Besuch der Oberschule, **Abitur**
- **Sprachen:** Englisch, Russisch

Interessen und Hobbys

- Reisen in Portugal und Spanien, Radfahren, Schwimmen

Berlin, 19.03.2000

Heinz Dauerwald, Stillerzeile 55, 12587 Berlin, Telefon: 030 / 111 79 89

Warum ich mich bewerbe?

Die Fähigkeit zum konzeptionellen Arbeiten und mein Organisationstalent habe ich besonders beim Aufbau einer neuen Abteilung Prozesssteuerung mehrfach unter Beweis gestellt. Ich bin es gewohnt, selbständig und im Team zu arbeiten und weiß, dass meine bisher gezeigte Einsatzbereitschaft und kreative Flexibilität beim Lösen unterschiedlichster Problemfälle erfolgreich war.

Engagement und Belastbarkeit gehören zu meinen Persönlichkeitsmerkmalen. In einem für die Kreativität förderlichen Unternehmensklima konnte ich mit innovativen, kostenbewussten und termingerechten Lösungen überzeugen. Teamkollegen schätzen meine Hilfsbereitschaft und die Fähigkeit, neue Sachverhalte schnell zu erfassen und umzusetzen.

Als praxiserprobter Ingenieur vom Fach beherrsche ich alle „Register", von der Improvisation bis zur Perfektion in der Verantwortung für die Sicherheit von Technik und Umwelt.

... um etwas zu bewegen!

Berlin, 19. März 2000

Heinz Dauerwald

Zu den Unterlagen von Heinz Dauerwald

Nach persönlicher Ansprache erklärt unser Kandidat im **Anschreiben** zuerst seinen Status quo, aus dem heraus er sich bewirbt, um dann auf seine Erfolge und Erfahrungen hinzuweisen. Er bittet um Verständnis, seinen jetzigen Arbeitgeber noch nicht benennen zu wollen. Nicht ungeschickt, insbesondere im letzten Absatz, in dem er anbietet, gern auch vorab telefonisch für weitere wichtige Informationen zur Verfügung zu stehen. Hier endlich wieder einmal ein Beispiel für eine gut »rübergebrachte« Berufsidentität, die dem Personalverantwortung tragenden Leser in vielerlei Hinsicht schnelle Orientierung gibt, mit wem er es zu tun hat. Dabei bleibt das Anschreiben angenehm kurz.

Ein optisch ordentlich komponiertes **Deckblatt** macht neugierig auf die nächsten Seiten. Die sich anschließenden Informationen zur Person des Bewerbers sind gut aufbereitet. Hier gibt es einen idealtypischen Platz für das **Foto**, das angenehm auffällt. Unter der Überschrift »Meine Kenntnisse …« wird dem Leser schnell vermittelt, was diesen Kandidaten besonders interessant macht. Diese erste Auftaktseite ist in mehr als einer Hinsicht gut gelungen.

Im **Lebenslauf** wird die Berufspraxis auf interessante, angemessen ausführliche Weise präsentiert. Auch die Hervorhebungen (Fettdruck) unterstützen beim Lesen. Die gewählte Darbietungsform der Daten (so genannte amerikanische Version, vom Aktuellen in die Vergangenheit) macht hier einen im höchsten Maße überzeugenden Eindruck. Auch die zweite Seite des Lebenslaufes ist konsequent aufgebaut und verstärkt weiter das sich beim Lesen einstellende positive Gefühl.

Die »**Dritte Seite**« spielt mit der Überschrift, um so eine weitere Botschaft zu vermitteln, die durchaus im Einklang mit den Aussagen im Anschreiben steht. Die ausgewählten Botschaften treffen sicherlich nicht jedermanns Geschmack (ähnlich wie bei Silke Uhland), kommen aber bei technisch orientierten Lesern in der Regel sehr gut an – so zeigen die Praxiserfahrungen im *Büro für Berufsstrategie*.

Einschätzung

Gute Unterlagen mit interessanter Gestaltung.

Christine Lingner
Schwarenbergstr. 150
70184 Herrenalb
Tel.: 0712/342795

Bewerbung als Marketingreferentin

 → *Kommentar Seite 111*

Zuallererst etwas über meine Fachkenntnissse und praktischen Erfahrungen

Marketing/Öffentlichkeitsarbeit

Planung verkaufsfördernder Maßnahmen

Konzeption und Gestaltung von Broschüren und Präsentationen für Messestände, Kundenveranstaltungen etc.

Vorbereitung und Strukturierung von Unterlagen für Vorträge und Kundenbesuche

Organisation von Veranstaltungen

Marktdatenerhebungen und -auswertungen

Wirtschaft und EDV

Betriebswirtschaftliches Studium

Umfangreiche Kenntnisse in der PC-Anwendersoftware unter Windows NT/98, Apple Macintosh, Mac-OS 9.0

Konzeption und Durchführung von Anwenderschulungen für neue Mitarbeiter

Verwaltung der online verfügbaren Dokumentationen

Mitarbeit an der Entwicklung eines Programms für statistische Auswertungen

Projektarbeit

Planung und Organisation eines interinstitutionellen Medienprojekts

Projektüberwachungsaufgaben (Terminüberwachung, Kostenkontrolle)

Koordinierungsaufgaben

 → *Kommentar Seite 111*

Lebenslauf

Persönliche Daten

Name:	Christine Lingner
geboren am:	23.06.1972 in Wiesbaden
Familienstand:	ledig

Schulausbildung

1978 – 1982	Grundschule in Hessen
1982 – 1991	Rheingau-Gymnasium in Wiesbaden
Abschluss:	Abitur

Hochschulausbildung

Okt. 1991 – Mai 1998	Studium der Betriebswirtschaft, Germanistik und Romanistik an der Universität Frankfurt am Main
Abschluss:	Magister Artium

Medienprojekt

April 1994 – August 1994	Initiative und Organisation eines Medienprojektes in Zusammenarbeit mit einem privaten Radiosender

Auslandsaufenthalt

Okt. 1994 – März 1995	Hochschulsemester an der Sorbonne Nouvelle, Paris, im Studiengang „Licence d'études franco-allemandes"

Berufliche Tätigkeiten

Nov. 1993 – Juli 1994, *April 1995 – Okt. 1998*	Mitarbeit in der Unternehmensberatung des Fraunhofer-Instituts für Produktionstechnik und Automatisierung in der Öffentlichkeitsarbeit
Seit Nov. 1998	Mitarbeiterin im Marketing der DeTeWe Deutschland Informationssysteme GmbH, Produkt- und Service-Marketing, Stuttgart

→ *Kommentar Seite 111*

EDV-Kenntnisse

PC/Apple Macintosh:	Word, Excel, RagTime, div. Grafikprogramme unter Windows und Mac-OS
IBM-Großrechner:	VM, Office Vision, CMS

Fremdsprachen

Englisch:	gut (Arbeit in englischem Unternehmen)
Französisch:	sehr gut (Auslandsaufenthalt)
Italienisch:	gut (Sprachunterricht an italienischem Kulturinstitut)

Engagement

1988 – 1991	Redakteurin in einer Schülerzeitung
1992 – 1996	Mitarbeit in der Fachschaft bei der Organisation von Veranstaltungen, Erstsemesterberatung und Studienplangestaltung

Außerberufliche Interessen

Musik:	Musiktheater, Klavierspiel
Sport:	Wandern, Inlineskating, Schwimmen

Stuttgart, 3. März 2000

 → *Kommentar Seite 111*

Was Sie sonst noch über mich wissen sollten ...

über mich als Mensch

Als sehr kontaktfreudig und kommunikativ werde ich von meiner Umwelt eingeschätzt. Tatsächlich macht mir alles Spaß, was mit Menschen zu tun hat: Veranstaltungen organisieren, Verbindungen zwischen verschiedenen Gruppen herstellen, Informationen verständlich und überzeugend weitervermitteln.

Nicht zuletzt war es diese Freude an der Kommunikation, die mich zu einem kombinierten Studium der Betriebswirtschaft und Sprachen geführt hat.

über meine Einstellung zur Arbeit

Es ist mir sehr wichtig, bei meiner Arbeit ein klares Ziel vor Augen zu haben und mein Vorgehen strukturiert zu planen. Sehr wesentliche Aspekte meiner Berufswahl sind vor allem auch Eigenverantwortung, ständige Bereitschaft zum Weiterlernen und die Zusammenarbeit in einem guten Team.

Durch meine Berufstätigkeit neben meinem Studium sind für mich hohe Leistungsbereitschaft und Belastbarkeit selbstverständlich.

über meine Motivation

Studium und meine bisherigen Tätigkeiten haben mir gezeigt, dass die Arbeit in Marketing und Verkaufsförderung genau das Richtige für mich ist.

Daher möchte ich mich in diesem Bereich weiterentwickeln und meine Fähigkeiten und Ideen in einem modernen Unternehmen einbringen, das eine längerfristige Perspektive bietet.

Eine Mitarbeit bei der LBS interessiert mich ganz besonders wegen der Zugehörigkeit zur Finanzgruppe der Sparkassen, mit deren Zielen und Geschäftsstil ich mich sehr gut identifizieren kann.

über meine Interessen

In meiner Freizeitgestaltung spielt Musik eine große Rolle: Ich spiele Klavier, tanze sehr gern, mag ganz besonders Musiktheater.

Mir gefällt das quirlige Leben in der Stadt. Daneben genieße ich aber auch die ausgiebigen Wanderungen auf der Schwäbischen Alb.

 → *Kommentar Seite 111*

Zu den Unterlagen von Christine Lingner

Lediglich aus Platzgründen bringen wir hier kein Beispiel für ein **Anschreiben**.

Nach einem eher einfach gestalteten **Deckblatt**, das aber durch das interessante **Bewerberfoto** (Format, Hintergrund) gewinnt (Steigerung wären Ort, Datum und Unterschrift), stößt der Betrachter dieser Unterlagen auf die ungewohnte »erste« Seite, die sofort mit einer Auflistung von Fachkenntnissen und praktischen Erfahrungen beginnt.

Nach dieser doch recht ausführlichen Übersicht blättert der erstaunte Leser zu der klassisch-konservativen Präsentation des **Lebenslaufes** weiter. Dieser zeichnet sich, wie bereits die Seite davor, durch klare Überschriften aus. Die Unterstreichungen sind Geschmackssache. Warum dann ganz unten auf dieser Seite die beruflichen Tätigkeiten geradezu versteckt werden und der aktuelle Arbeitsplatz so stiefmütterlich behandelt wird, ist vielleicht mit der ersten Seite zu erklären und bleibt dennoch unentschuldbar. Hier würde eine Umstellung der Themenblöcke (Schule, Hochschule, Medien etc.) zugunsten der aktuellen beruflichen Situation wirklich eine deutliche Verbesserung darstellen.

Die folgende zweite Seite kommt ähnlich bescheiden daher und steht im Kontrast zu dem »Pauken-Überraschungsschlag« nach dem Deckblatt.

Sehr außergewöhnlich ist die mit interessanten Überschriften vierfach untergliederte, nach Art einer Zeitungsseite gestaltete »**Dritte Seite**«, die dem Leser gleichsam ein Kaleidoskop an persönlichen und beruflichen Informationen vermittelt.

Auch auf das **Anlagenverzeichnis** wird auch hier aus Platzgründen verzichtet. Sie wissen längst, wie so etwas aussehen kann.

Einschätzung

Eine Mappe, die trotz interessanter Überraschungsmomente nicht wirklich konsequent durchkomponiert ist. Schade – aber die zum Teil guten Ansätze lassen sich durchaus verwerten.

LEBENSLAUF

Dr. Marion Maron

Geboren am 21. Januar 1968 in Frankfurt am Main

Deutsche und französische Staatsangehörigkeit

Ledig und kinderlos

1974 – 1987: Grundschule, Realschule, Gymnasium und Abitur in Frankfurt a. M.

1987 – 1992: Studium der Rechtswissenschaften in Göttingen und Tübingen

Abschluss: Erstes Juristisches Staatsexamen

1993 – 1995: Studienreferendariat in Hamburg, unter anderem an folgenden Stationen:

> Landesarbeitsamt in Hamburg
>
> Jaques & Lewis, Lawyers, London EC4V 4JL
>
> Handwerkskammer, Berlin

April 1996: Zweites Juristisches Staatsexamen

Mai 1996 – Juni 1997: Reisen durch Süd- und Nordamerika. Beginn einer rechtswissenschaftlichen Dissertation

Juli 1997 – September 1997: Referentin in der Abteilung Recht und Beteiligungen bei den Stadtwerken in Bremen

Oktober – November 1997: Beendigung der Dissertation

Seit Dezember 1997: Referentin in der Zentrale der Bundespost in Frankfurt am Main:

> **bis Juli 1998:** Abteilung Internationale Firmenkontakte, Frankfurt a. M.
>
> **ab August 1998:** Referentin der Rechtsabteilung der Bundespost in Berlin

August 1999: Promotion zum Dr. jur. an der Humboldt-Universität Berlin

Fremdsprachen: Französisch und Englisch (fließend)

Hobbys: Skifahren, Gartenbauarchitektur, Fallschirmspringen

 → *Kommentar Seite 115*

Was spricht für mich?

Meine Berufserfahrung

- Markt- und Konzeptionsanalysen für Akquisitionen, Sanierungen und Outsourcing spezieller Dienstleistungen
- Durchführung dieser Vorhaben
- Betreuung von Aufsichtsratsmandaten der assoziierten Unternehmen
- Gesellschaftsrechtliche Betreuung von Beteilungsunternehmen
- Mitentwicklung und -implementierung eines Controlling-Systems für das Direktorat der Deutschen Bundespost in Frankfurt am Main
- Verantwortung für die Liquiditäts- und Ergebnisplanung aller in der Rechtsabteilung der Deutschen Bundespost, Geschäftsstelle Berlin, zu betreuenden Unternehmen

Meine Arbeitsweise

Meine besondere Stärke ist mein hohes Organisationsvermögen, welches mir ermöglicht, eine Vielzahl von Aufgaben sicher und zeitgerecht zu erfüllen. Zugute kommen mir dabei ein ausgeprägtes Kosten-Nutzen-Bewusstsein und die Fähigkeit, auch ungewohnte Problemlösungen zu finden

Verzeichnis der Zeugnisse

Deutsche Bundespost, Geschäftsstelle Berlin

Deutsche Bundespost, Geschäftsstelle Frankfurt am Main

Stadtwerke Bremen

Promotion

Zweite Juristische Staatsprüfung

- Handwerkskammer Berlin
- Jaques & Lewis, Lawyers, London EC4V 4JL
- Rechtsanwalt Ulf Liedtke, Hamburg
- Verwaltungsgericht Hamburg
- Landesarbeitsamt Hamburg
- Landgericht Hamburg
- Staatsanwaltschaft Hamburg
- Amtsgericht Altona

Erste Juristische Staatsprüfung

Allgemeine Hochschulreife

➔ *Kommentar Seite 115*

Zu den Unterlagen von Dr. Marion Maron

Alternativbild. *Vergleichen Sie dazu das* ***Bewerbungsfoto*** *auf* ***→ Seite 112.***

Auch hier haben wir aus Platzgründen auf **Anschreiben** und **Deckblatt** verzichtet und konzentrieren uns ganz auf die Bewerbungsmappen-Inhalte.

Der interessante Aufbau mit einem wirklich gelungenen Layout unter der obligatorischen Überschrift **Lebenslauf** beeindruckt besonders durch seine Nüchternheit und die damit einhergehende Kürze (nur eine Seite!). Präzise, ausreichend informativ und alle wichtigen beruflichen Stationen berücksichtigend, setzt er den knappen, minimalistischen Stil des **Deckblattes** konsequent fort, der nur aus dem Namen der Bewerberin bestand (und den Sie hier leider nicht sehen, sich aber bestimmt doch vorstellen können).

Das **Foto** der Bewerberin ist recht klassisch, etwas kleiner im Format und mit angedeutetem Hintergrund. Der »angeschnittene Kopf« fällt kaum auf, macht aber das Foto interessant. Vielleicht sollte die Kandidatin etwas mehr lächeln, aber wer weiß, bei diesem Berufsstand reicht ja vielleicht diese milde Form schon aus. Die mögliche Foto-Alternative zeichnet sich durch ein quadratisches Format aus. Welches Foto würden Sie bevorzugen?

Bemerkenswert auch für die Konzeption der »**Dritten Seite**«, die absolut brillant getitelt ist. Wer könnte da als Leser widerstehen? Die vermittelten Botschaften verdichten den positiven Eindruck, den man bisher von der Bewerberin aufgrund der schriftlichen Unterlagen, vor allem durch die besondere Darstellungsweise gewonnen hat.

Auf die Darstellung des **Verzeichnisses** der Zeugnisse haben wir an dieser Stelle nicht verzichtet.

Einschätzung

Eine außergewöhnlich gut gelungene Präsentation auf knappstem Raum.

Claudia Loller

Wilsnacker Str. 10
47619 Krefeld
☎ 034473/379123

Internationale Liegenschaftsbank
Personalabteilung
Frau Bergmann
Wilhelmplatz 6

10100 Berlin

Krefeld, 12.10.2000

Ihre Anzeige vom 07.10. 2000 in der F.A.Z.
Unser Telefonat vom 10.10. 2000

Sehr geehrte Frau Bergmann,

vielen Dank für das informative Gespräch. Das Telefonat hat mein Interesse bestärkt, mich bei Ihnen als Diplom-Kauffrau für die Organisationsentwicklung zu bewerben.

In meiner Diplomarbeit habe ich mich bereits mit Organisationsentwicklung beschäftigt. Ziel der Arbeit war die Überprüfung des Erfolgs der Einrichtung von Geschäftsbereichen in einem Industrieunternehmen. Dazu analysierte ich die Organisationsstruktur, ermittelte die Kosten und entwarf ein Konzept für die Reorganisation des Vertriebes sowie für die Weiterentwicklung des Controllings.

Auch in meinem übrigen Studium war eine breit angelegte, praxisorientierte Ausbildung für mich maßgebend. Die Bearbeitung von Fallstudien und eine Projektarbeit zur Finanz- und Bilanzplanung ergänzten meine theoretische Hochschulausbildung.

Während meiner Ausbildung zur Groß- und Außenhandelskauffrau sammelte ich intensive praktische Erfahrungen, auch auf dem Gebiet der Kundenbetreuung.

Über eine Einladung zu einem Vorstellungsgespräch freue ich mich.

Mit freundlichen Grüßen

Claudia Loller

Anlagen

 → *Kommentar Seite 123*

Bewerbungsunterlagen

für die Internationale Liegenschaftsbank, Berlin

Claudia Loller
Diplom-Kauffrau
Wilsnacker Str. 10
47619 Krefeld
Telefon: 034473/379123

Lebenslauf

Persönliche Daten	Claudia Loller geboren am 02.02.1972 in Baberg/Westfalen ledig; keine Kinder

Schulausbildung

1978 – 1982	Grundschule in Baberg
1982 – 1991	Gymnasium in Cloppenburg

Berufsausbildung

07/1991 – 06/1993	Ausbildung zur Groß- und Außenhandelskauffrau Landwirtschaftliche Bezugs- und Absatzgenossenschaft Wiesenbach-Scholle e. G. (Umsatz ca. 100 Mio. DM)

Hochschulausbildung

10/1993 – 06/1999	Studium der Betriebswirtschaft an der Universität Bochum Studienschwerpunkte: Unternehmensforschung, Finanzwirtschaft, Organisation Empirische Diplomarbeit: „Kosten-Nutzen-Relation unter dem Aspekt von Globalisierung und ihre Auswirkung auf die Organisationsstruktur" Abschluss: Diplom-Kauffrau

Weiterbildung

10/1999	Intensivkurs Business English

Krefeld, 12.10.2000

 ➔ *Kommentar Seite 123*

Praktische Tätigkeiten und außeruniversitäre Aktivitäten

Sommersemester 1996	Projekt Finanz- und Bilanzplanung mit Tabellenkalkulationsprogrammen
Wintersemester 1996/1997	Fallstudienseminar Bearbeitung von Einzelfallstudien zu Problemen aus Finanzwirtschaft und Controlling
04/1997 – 10/1997	Praktische Diplomarbeit in einem Unternehmen der Zulieferindustrie, Durchführung einer Organisationsanalyse, Kosten-Nutzen-Ermittlung der Deglobalisierung eines Unternehmensbereichs
03/1998 – 06/1998	Fremdrechnungsbearbeitung Firma Nixdorf
03/1998 – 05/1998	Dozentin Volkshochschule Schloss Stolle-Stutenbrock Thema: Vorbereitung zur Kaufmannsgehilfenprüfung mit dem Schwerpunkt Rechnungswesen
07/1999 – 11/1999	Praktikum Control Data Management Consulting GmbH
11/2000 – 01/2000	Debitorenbuchhaltung Flor KG Verkaufsgesellschaft
02/2000 – 07/2000	Aufenthalt in Australien

Besondere Kenntnisse

Fremdsprachen	Englisch – fließend in Wort und Schrift Französisch – gute Grundkenntnisse
Softwarekenntnisse	Excel, Word, Datenbankmanagement mit Access und Oracle
Interessen	Neues französisches Kino Jazzdance
Ehrenamt	Betreuerin für Jugendfreizeiten der Arbeiterwohlfahrt

 → *Kommentar Seite 123*

Zu meiner Person

Zu meinen besonderen Eigenschaften zählt die Fähigkeit, in Zahlen zu denken, rechnerische Ergebnisse mit Leben zu füllen und richtig interpretieren zu können. Diese Fähigkeiten werden durch in der praktischen Arbeit erworbene fundierte Kenntnisse im Rechnungswesen (Ausbildung als Groß- und Außenhandelskauffrau) ergänzt.

Gleichzeitig bin ich aber auch ein Mensch, dem es neben dem Sinn für das Detail wichtig ist, dass die einzelnen Elemente ein gut strukturiertes Gesamtsystem ergeben.

Weiteres Kennzeichen meiner Persönlichkeit ist es, Probleme schnell erkennen zu können und bei der Lösungssuche sehr kreativ mitzuwirken. Mit meinem organisatorischen Geschick und meiner Überzeugungskraft kann ich Konzepte und Strategien im Team weiterentwickeln und zur Umsetzung beitragen.

 → *Kommentar Seite 123*

Zu meiner Person

Zu meinen besonderen Eigenschaften gehört die Fähigkeit, Schwachstellen, aber auch Potenziale schnell zu erkennen und Konzepte kommunikativ im Team zu entwickeln. Gleichzeitig bin ich ein Mensch, der betriebswirtschaftlich sowie allgemein in Gesamtzusammenhängen denkt und mit Weitblick plant.

Weitere Kennzeichen meiner Persönlichkeit sind, offen auf Menschen zuzugehen und Ideen mit Überzeugungskraft und verkäuferischem Talent durchzusetzen.

 → *Kommentar Seite 123*

Claudia Loller

Wilsnacker Str. 10
47619 Krefeld
☎ 034473 / 379123

Internationale Liegenschaftsbank
Personalabteilung
Frau Bergmann
Wilhelmplatz 6

10100 Berlin

Krefeld, 08.11.2000

Vorstellungsgespräch am Dienstag, den 07.11.2000
Meine Bewerbung als Organisationsentwicklerin

Sehr geehrte Frau Bergmann,
vielen Dank für das informative Gespräch. Besonders die offene, herzliche Gesprächsatmosphäre und Ihre Erläuterungen über Aktivitäten und Ziele bis hin zur Unternehmenskonzeption der ILG fand ich äußerst spannend. Dies alles bestärkt mich in meinem Wunsch, bei Ihnen tätig sein zu dürfen, mein Wissen und Engagement für die Optimierung der Organisation voll einzubringen.

In einem so kurzen Zeitraum des Sichkennenlernens, wie es das Vorstellungsgespräch nun einmal ist, fällt es mir nicht leicht, die Eigenschaften herauszustellen, die mich besonders für die zu besetzende Position qualifizieren. Im Nachhinein möchte ich gern hinzufügen, dass meine

- fundierten kaufmännischen Kenntnisse als Groß- und Außenhandelskauffrau
- Erfahrungen in der Projektarbeit (Studium, Diplomarbeit)
- Kommunikations- und Lernfähigkeit
- mein persönliches Organisationstalent
- sowie meine Eigenschaft, Ziele nicht aus den Augen zu verlieren,

gute Voraussetzungen für die Organisationsentwicklung darstellen.

Nachdem Sie mir eine Hotelunterkunft für den Start in Aussicht gestellt haben, bin ich gern bereit, meinerseits alles Erforderliche zu tun, um am 02. Januar 2001 bei Ihnen anfangen zu können.

Ich freue mich darauf, von Ihnen zu hören, und verbleibe

mit herzlichen Grüßen

Zu den Unterlagen von Claudia Loller

Ein persönliches **Anschreiben** mit dem üblichen Dank für das Telefonat und einem ansprechenden Briefkopf (wenn auch nicht unbedingt normgerecht) vermittelt in relativer Kürze und gut lesbar alle relevanten Informationen.

Die **Deckblatt**-Gestaltung, die Sie in dieser Art schon kennen gelernt haben, erfüllt ihren Zweck. Sicherlich sehr positiv: das uns freundlich anlächelnde **Foto** (gutes Format, ganz leichter »Anschnitt«).

Überraschend ist der **Lebenslauf**. Das Außergewöhnliche: Er kommt mit einer Seite aus, die in ihrer Gliederung konservativ-klassischen Zuschnitt hat. Die Unterschrift signalisiert den eigentlichen Abschluss und lässt uns mit Spannung auf die nächste Seite umblättern. Hier finden wir als Ergänzung Punkte, die nicht direkt in den Lebenslauf integriert waren (praktische Tätigkeiten, besondere Kenntnisse). Die Kandidatin provoziert damit gezielt eine erneute intensive Auseinandersetzung mit ihrer Person. Vielleicht wird sogar auf die erste Seite zurückgeblättert. Die ausführliche Tätigkeitsbeschreibung jedenfalls ist dazu angetan, einen kompetenten Eindruck zu vermitteln.

Die hier in zwei Textvarianten vorliegende »**Dritte Seite**« ist natürlich nur für Sie, den Buch-Leser, bestimmt. Welche gefällt Ihnen besser? Beide Versionen haben ihre Berechtigung, und auch die jeweilige grafische Gestaltung ist gut gelungen. Für welche würden Sie sich entscheiden?

Zusätzlich ist dieser Mappe das Beispiel eines so genannten **Nachfassbriefes** beigefügt. Hier bedankt sich die Kandidatin überaus freundlich für das Vorstellungsgespräch und führt noch einmal die für sie sprechenden Argumente an.

In unseren Bewerbungsstrategie-Büchern widmen wir den Themen Vorstellungsgespräch und Nachfassbrief ausführliche Kapitel (siehe Literaturhinweise am Buchende).

Einschätzung

Es handelt sich um interessante Bewerbungsunterlagen mit einem überzeugenden Beispiel für einen Follow-up-Brief nach einem Vorstellungsgespräch. Hier finden Sie alle guten Argumente in werbepsychologisch geschickter Formulierung.

Peter Bandow, Düsseldorfer Straße 11, 10719 Berlin, Telefon: 030 / 881 2940

Mayer AG
Personalabteilung
Frau Siering
Kanalstr. 170

16512 Potsdam

Berlin, 01.04.2000

Initiativ-Bewerbung als Diplom-Ingeneur Elektrotechnik

Sehr geehrte Frau Siering,

vielen Dank für das freundlich-informative Telefonat. Wie angekündigt, hier meine Bewerbungsunterlagen.

Kurz zu meiner Person:

- Diplom-Ingenieur Elektrotechnik (TFH), 34 Jahre alt
- Praktikant im Schering-Technikum Berlin
- Werkstudent in den Schering-Bereichen Energieübertragung und -verteilung sowie Übertragungssysteme in Berlin.

Außerdem verfüge ich über Auslandserfahrung und bin gelernter Feinmechaniker.

Zu meinen wesentlichen Persönlichkeitsmerkmalen gehören ein breites Interessenspektrum, ausgeprägte Kommunikations- und Begeisterungsfähigkeit sowie ein hohes Maß an Eigeninitiative und Flexibilität.

Ich strebe einen Einsatz in den Bereichen

- Industrial Engineering,
- Fertigung oder
- Projektierung an.

Über eine Einladung zu einem persönlichen Gespräch freue ich mich.

Mit freundlichen Grüßen

Peter Bandow

Anlagen

 → *Kommentar Seite 130*

Bewerbungsunterlagen

für die Mayer AG, Potsdam

Peter Bandow

Diplom-Ingenieur Elektrotechnik

Düsseldorfer Str. 11

10719 Berlin

☎ 030 / 881 29 40

 ➔ *Kommentar Seite 130*

Lebenslauf

Persönliche Daten

Name:	Peter Bandow
geboren am:	27.08.1966 in Koblenz
Familienstand:	ledig

Hochschulbildung

04/1995 – 10/1997	Grundstudium an der Technischen Fachhochschule Bremen: Elektrotechnik
04/1998 – 02/2000	Hauptstudium mit dem Schwerpunkt Fertigung und den Vertiefungsfächern Fertigungstechnik, Fertigungsmittel, Kosten- und Investitionsrechnung, Industrial Engineering, Materialfluss- und Fabrikplanung, Operations Research
02/1999 – 07/1999	Praktisches Studiensemester bei Schering AG, Abteilung Technikum, Berlin
11/1999 – 02/2000	Diplomarbeit bei Karl Meuser Anlagenbau GmbH, Berlin Thema der Arbeit: Analyse und Projektierung einer Kunststoffschmelzanlage unter besonderer Berücksichtigung sparsamer Energieverwendung Abschluss: Diplom-Ingenieur Elektrotechnik mit der Note „gut“

Auslandserfahrung

07/1987 – 07/1988	Produktionsmitarbeiter bei Sainsbury in Leeds/England (Verbrauchermarktkette; 15.000 Mitarbeiter)
08/1988 – 10/1988	Auslandsaufenthalt in Australien
11/1988 – 09/1993	Gruppenleiter der Produktionseinheit für britische Produkte (Maschinenbau) bei Sainsbury Manchester, England

 ➔ *Kommentar Seite 130*

Berufsausbildung, praktische Tätigkeiten

08/1982 – 07/1985	Ausbildung zum Kraftfahrzeugmechaniker
08/1985 – 07/1987	Verschiedene Tätigkeiten als Produktionsmitarbeiter
02/1996 – 06/1997	Werkstudent bei Schering AG, Berlin

Schulausbildung

08/1972 – 06/1982	Grundschule und Hauptschule in Zeven
09/1982 – 07/1984	Ausbildungsbegleitender Besuch der Fachoberschule Maschinen- und Elektrotechnik in Bremen Abschluss: Fachhochschulreife

Sprachkenntnisse	Englisch fließend; Niederländisch gut in Wort und Schrift
EDV-Kenntnisse	Word, Excel, Corel Draw, ABC Flow Charter, Turbo Pascal, AutoCAD, MS-Projekt, CA-Super Project, CA-Super Project
Interessen	Fernöstliche Philosophie und Lean Management, Skifahren, Musizieren (Trompete)

Berlin, 01.04.2000 Peter Bandow

Zu meiner Motivation

Als Elektroingenieur habe ich ein breites, vielleicht nicht unbedingt typisches Interessenspektrum.

Im Rahmen meines Studiums wählte ich bewusst sehr unterschiedliche Projekte, die hohe Anforderungen an meine Eigeninitiative und Flexibilität stellten. Dabei entwickelte ich die Fähigkeit, mich in kürzester Zeit in Projekte bzw. Prozesse hineinzudenken, um auf der Basis einer fundierten Analyse zielorientierte Konzepte zu entwickeln. Hier hat mir vor allem meine Kommunikations- und Begeisterungsfähigkeit sehr geholfen.

In meiner Arbeit geht es mir weniger um abstrakt wissenschaftliche, als vielmehr praktisch anwendbare Konzepte und Lösungen, auf dem Hintergrund einer Kosten-Nutzen-Relation. Unternehmerisches Denken und Handeln sind mir gut vertraut.

Trotz großem Interesse an Teamarbeit, bin ich auch gern selbständig tätig mit einem hohen Maß an Gewissenhaftigkeit und Präzision.

Last but not least: Ich halte mich für gut belastbar und in einem angemessenen Maße für durchsetzungsfähig.

Peter Bandow

01.04.2000

 → *Kommentar Seite 130*

Anlagen

Zusammenfassung der Studienarbeiten und

Tätigkeiten als Werkstudent

Diplomzeugnis, TFH

Diplomzeugnis, Karl Meuser Anlagenbau GmbH

Zeugnis des praktischen Studiensemesters, TFH

Zeugnis des praktischen Studiensemesters, Schering AG

Zeugnis der Tätigkeit als Werkstudent

Seminarteilnahme Projektmanagement

 → *Kommentar Seite 130*

Zu den Unterlagen von Peter Bandow

In dem persönlich adressierten **Anschreiben** wurde die Titelzeile »Initiativ-Bewerbung« gewählt. Der Kandidat stellt sich kurz vor und erklärt, in welchen Bereichen er sich seinen beruflichen Einsatz wünscht. Erneut wird auf ein vorab geführtes Telefonat Bezug genommen. Die inhaltliche wie optische Gestaltung des Anschreibens ist überzeugend. Ein guter Auftakt für eine Initiativbewerbung.

Ein **Deckblatt** mit Foto könnte jetzt den Erwartungseffekt erhöhen. Sie haben bereits genug Beispiele in diesem Buch sehen können. Hier wurde darauf verzichtet.

Die Präsentation der **Lebenslauf**-Seiten beginnt mit dem **Foto** (leichter Anschnitt, eher klassisches Format). Die Abfolge der einzelnen Themenblöcke ist interessant gewählt, wenngleich die Zeitschiene dem klassischen Aufbau Vergangenheit – Gegenwart folgt. Eine spannende Mischung von bekannten und neuen Präsentationsformen wird in einem angenehmen Design präsentiert. Die ausgewählten Interessenschwerpunkte lösen wieder einmal viel Neugierde beim Leser aus.

Inhaltlich geht die »**Dritte Seite**« über die Darstellung der Beweggründe weit hinaus, ist aber geschickt zusammengestellt und suggeriert einen interessanten, kompetenten und wirklich motivierten Bewerber, der neben seinem Hochschulstudium auch noch einiges mehr zu bieten weiß.

Einschätzung

Dies ist eine gelungene Mischung bekannter und neuer Bewerbungsparameter, die als Initiativbewerbung mit einem sehr gut getexteten Anschreiben bestimmt erfolgversprechend ist.

Worauf es ankommt, damit Sie ankommen

Wer sich bewirbt, macht Werbung in eigener Sache, für die eigene Person, für die von ihm angebotene Dienstleistung. Kurzum: Sie »vermarkten« Ihre Arbeitskraft. Mit der schriftlichen Bewerbung geben Sie eine Art Visitenkarte und erste Arbeitsprobe ab. Sie erzeugen einen ersten Eindruck bei Ihrem potenziellen Arbeitgeber, Ihrem eigentlichen »Kunden«, dem »Einkäufer« der von Ihnen angebotenen »Ware« Arbeitskraft. Dass dieser wichtige erste Eindruck positiv sein und Ihnen zu einer Einladung zu einem Bewerbungsgespräch (d.h. in diesem Sinne auch »Verkaufsgespräch«) verhelfen sollte, versteht sich von selbst.

Die zentrale Frage lautet also: Was ist Ihre Botschaft, und wie bringen Sie diese »rüber«?

Die schriftliche Bewerbung (d.h. Ihr »Verkaufsprospekt«) besteht in aller Regel aus folgenden Unterlagen: Bewerbungsanschreiben, der so genannte Lebenslauf, Foto, Zeugniskopien. Weitere Anlagen können sein: Zertifikate über besondere Schulungen, Kurse usw., eine Handschriftenprobe, in seltenen Fällen Referenzen, Empfehlungen oder gar das polizeiliche Führungszeugnis.

Das Bewerbungsanschreiben

Ein gut formuliertes Anschreiben weckt Aufmerksamkeit und Interesse. Bedenken Sie: Es geht um den ersten Eindruck, den Ihr Be-Werbungsschreiben vermittelt. Hilfreich ist dabei die AIDA-Formel aus der Werbepsychologie.

AIDA steht in diesem Zusammenhang für:

A = attention	(Aufmerksamkeit für Ihre Bewerbung erzeugen)
I = interest	(Interesse an Ihrer Person wecken)
D = desire	(Wunsch entstehen lassen, Sie zum Vorstellungsgespräch einzuladen)
A = action	(die Handlungsaktivität »Einladung« provozieren)

Ihr Ziel sollte es also sein, in komprimierter Form alle wichtigen Argumente, die für Sie sprechen (und zu einer Einladung führen sollen), gut formuliert vorzutragen. Der Leser soll neugierig gemacht werden auf Ihre weiteren Unterlagen und natürlich auf Sie als Person. Es muss der Wunsch entstehen, Sie kennen zu lernen.

Neben den später ausgeführten wichtigen formalen Regeln sollten Sie bei Ihrem Bewerbungsanschreiben vor allem das alte Sprichwort »In der Kürze liegt die Würze« berücksichtigen und nicht mehr als eine Seite schreiben (optimale Lösung). Eineinhalb bis maximal zwei Seiten sind in besonderen Fällen vielleicht gerechtfertigt, erzeugen aber beim eiligen Leser Ungeduld. Wer mehr schreibt, bringt sich um jede Chance. Erzählungen oder ganze Romane sind für den weiteren Bewerbungsverlauf absolut »tödlich«.

Spätestens an dieser Stelle sind leider einige relativierende Bemerkungen zur Bedeutung des Bewerbungsanschreibens notwendig. Nicht alle Arbeitsplatzvergeber werden Ihre Unterlagen in der Reihenfolge Anschreiben – Lebenslauf etc. lesen. Immer häufiger versucht der unter einem enormen Zeitdruck arbeitende Personalentscheider, sich zunächst einmal Klarheit durch das flüchtige Lesen und Blättern in Ihrer Bewerbungsmappe zu verschaffen. Dabei geht es darum, schnell zu entscheiden, ob die eingesandte, vorliegende Bewerbung auf den großen Stapel »Zurück an den Absender« (mit allen guten Wünschen für Ihre berufliche Zukunft und einem herzlichen Bedauern, verbunden mit der Bitte um Verständnis) kommt oder ob Ihre Bewerbungsmappe auf dem kleinen feinen Stapel landet, mit dem sich der Personalentscheider noch einmal intensiver beschäftigen wird.

Für den ersten schnellen, aber doch schon recht entscheidenden Durchgang durch die eingesandte Bewerbungsmappe werden je nach Temperament ein bis maximal (und wirklich nur in seltenen Fällen) sechs bis acht Minuten Bearbeitungszeit kalkuliert. Der Durchschnitt liegt eher um die zwei, drei Minuten. Diese geringe und umso wertvollere Zeit wird deshalb auf Ihre beruflichen Daten verwandt (aktuelle Position, Entwicklung, Ausbildung etc.) und weniger auf Ihr Begleitschreiben. Anschreiben sind in der Regel stereotyp und deshalb wenig aussagekräftig (»Sehr geehrte Damen und Herren – hiermit bewerbe ich mich um ...«).

Zu einem späteren Zeitpunkt wendet man sich natürlich auch Ihrem Bewerbungsanschreiben zu und schaut sich die gesamten Unterlagen recht intensiv an, um zu der Entscheidung zu gelangen, wen man denn nun einlädt, bzw. wer vorab angerufen und am Telefon interviewt wird. Auf diese Weise wird eine kleine, überschaubare Anzahl von Kandidaten ausgewählt, mit der man sich dann weiter intensiv beschäftigen wird.

Befassen wir uns jetzt also zunächst einmal mit dem Erstellen Ihrer Bewerbungsmappe und den entsprechenden Unterlagen.

Der Lebenslauf

Der Lebenslauf scheint immer noch eines der wichtigsten Dokumente und Argumente zu sein, das für oder gegen Sie spricht. Personalauslese-Profis sind sogar der Meinung, die Analyse des eingereichten Lebenslaufes stelle die entscheidende Weiche für die Einladung zum Vorstellungsgespräch.

Im Gegensatz zur landläufigen Meinung gibt es übrigens bei der Bewerbung nicht nur einen ein für alle Mal feststehenden Lebenslauf, sondern immer mehrere Varianten. Notwendig ist dabei die jeweilige »Anpassung« des Lebenslaufes an die Besonderheiten (z.B. Anforderungsmerkmale usw.) des angestrebten Arbeitsplatzes.

Form, Gliederung, Inhalt

Worauf kommt es an? Die wichtigen Informationen und Argumente, die für Sie sprechen, müssen klar und übersichtlich geordnet sein. Man bevorzugt heute computergeschriebene tabellarische Lebensläufe, die ohne weiteres länger als eine Seite sein dürfen. Dabei sind Sie in der grafischen Gestaltung relativ frei. Ausformulierte oder mit der Hand geschriebene Lebensläufe (maximal ein bis zwei Seiten) sind extrem selten und nur auf ausdrückliche Anforderung anzufertigen. Wir warnen und raten ab.

Dem so genannten Lebenslauf, eigentlich mehr Ihrer dargestellten beruflichen Entwicklung, will man entnehmen, ob Sie aufgrund Ihrer fachlichen Kompetenz und Ihrer Persönlichkeit für die angebotene Position geeignet sind.

Zwei Aspekte sind es primär, denen Personalchefs und Arbeitgeber beim Studium Ihres Lebenslaufes nachgehen: Zeitfolge- und Positionsanalyse.

Die *Zeitfolgeanalyse* wird erstellt, um möglichen Lücken in Ihrer Biografie auf die Spur zu kommen. Hinter »weißen Stellen« vermutet man Ungutes. Genauer unter die Lupe nimmt der Personalchef auch die Anzahl der unterschiedlichen Arbeitsplätze in einem bestimmten Zeitraum: Findet ein Arbeitsplatzwechsel in zu kurzen Abständen statt (d.h. unter fünf Jahren, wenn Sie die 33 überschritten haben), deutet das auf Schwierigkeiten oder mangelndes Durchhaltevermögen hin. Bei jüngeren Bewerbern wird dies jedoch meist anders interpretiert: Wer jung ist, darf ausprobieren (bis Sie 27 Jahre alt sind, sollten Sie erst nach zwei Jahren wechseln, bis zu einem Alter von 35 Jahren erst nach mindestens drei Jahren, danach – bis Anfang 40 – nach vier Jahren, und sind Sie älter als Mitte 40, empfiehlt es sich, mindestens fünf Jahre an einem Arbeitsplatz zu bleiben).

Umgekehrt gilt: Wer erst nach acht, zehn oder fünfzehn Jahren wechselt, dokumentiert Ängstlichkeit und mangelnde Flexibilität. Dies kann auch als Indiz für geringe Lern- und Anpassungsfähigkeit bzw. -willigkeit gewertet werden.

Die *Positionsanalyse* beschäftigt sich mit dem Auf- und Abstieg, Berufs- und Arbeitsgebietswechsel. Hier kommt es auf die Geradlinigkeit und Folgerichtigkeit an: Haben Sie ziellos im Leben mal dies, mal jenes gemacht, oder sind Sie beruflich planvoll und konsequent vorgegangen? Ist ein »roter Faden« erkennbar?

Was bei der Gestaltung der Bewerbungsunterlagen von Ihnen verlangt wird, ist eine Art *Anpassungsübung*. Sie mögen noch so qualifiziert sein: Mit fehlerhaft – nicht normgerecht – abgefasstem Bewerbungsanschreiben und Lebenslauf werden Sie erst gar nicht zum Vorstellungsgespräch eingeladen. Dies wäre vergleichbar mit dem Fauxpas, in legerer Freizeitkleidung zu einem Vorstellungsgespräch zu erscheinen, was Sie umgehend aus der »engeren Wahl« katapultieren würde.

Inwieweit Sie sich anpassen und in ein bestimmtes Bild einfügen wollen, bestimmen jedoch immer noch

Sie (oder Ihr Bankkonto bzw. andere zwingende Umstände).

An dieser Stelle muss aber noch einmal verdeutlicht werden, dass es gar nicht wirklich um Ihren »Lebenslauf« im traditionellen Sinne geht. Deshalb nennen wir ihn auch immer wieder den »so genannten …« Lebenslauf. Die Bewerbungsmappe ist eine Art Verkaufsprospekt und hat die Aufgabe, neugierig auf Sie zu machen, Interesse auszulösen, Ihre Kompetenz angemessen zu vermitteln, aber auch Ihre Persönlichkeit und Leistungsmotivation. All dies soll zu einer Einladung zum Vorstellungsgespräch führen. Vieles, was Sie dazu in der Schule oder auch aus herkömmlichen Bewerbungsratgebern gelernt haben, ist völlig veraltet und unbrauchbar.

Folgendes Schema ist eine Orientierung für die Gestaltung Ihres so genannten Lebenslaufs. Nehmen Sie dieses Gerüst als Basis, um eine eigene Darstellung Ihres Werdegangs zu entwickeln.

Persönliche Daten

- Vor- und Zuname
- Anschrift/Telefon (muss nicht sein)
- Geburtsdatum und -ort
- Religionszugehörigkeit (muss eigentlich nicht sein)
- Familienstand, ggf. Zahl und Alter der Kinder
- Staatsangehörigkeit (aber nur, wenn man nicht die deutsche Staatsbürgerschaft hat)
- bitte nicht mehr die Eltern aufführen

Schulbildung

- besuchte Schulen (Typen)
- Schulabschluss

(alle Informationen mit grober Zeitangabe)

ggf. Hochschulstudium (oder vergleichbare Ausbildung)

- Fach/Fächer
- Universität
- Schwerpunkte, ggf. Thema der Examensarbeit/ ggf. Promotion
- Art der Examina

Berufstätigkeit/Ausbildung

- ggf. Art der Berufsausbildung
- ggf. Ausbildungsfirma/-institution, evtl. mit Ortsangabe
- ggf. Abschluss, evtl. mit Hinweis auf besonderen Erfolg
- Berufsbezeichnungen, -positionen, evtl. Kurzbeschreibung
- Arbeitgeber mit Ortsangaben

(alles mit Zeitangaben)

ggf. berufliche Weiterbildung

Hier nennen Sie alles, was mit Ihrer Berufspraxis in Zusammenhang steht.

ggf. außerberufliche Weiterbildung

Aufgepasst bei Kursen: Fremdsprachen ja, Fallschirmspringen, Psycho- oder Astrokurs an der VHS – Vorsicht: Welches Bild entwerfen Sie von sich?

ggf. Sonderinformationen

Zum Beispiel über Auslandaufenthalte während Schulzeit/Studium/Berufstätigkeit.

Besondere Kenntnisse

Zum Beispiel Fremdsprachen, EDV, Führer- und andere Scheine, aber auch hier gut überlegen, welches Bild man von sich gibt.

Hobbys/Interessen

Gern künstlerisches, ehrenamtliches und/oder soziales Engagement, Sport (wichtig), sogar politisch (nur die richtige Richtung muss es natürlich sein). Dies alles will gut überlegt sein und sollte irgendwie zu Ihnen, zu Ihrer Bewerbung und dem speziellen Arbeitsplatz passen; hier kann auch noch eine kleine Botschaft, Erklärung etc. untergebracht werden, wenn Platz ist und Sie eine Idee dazu haben (und sich damit nicht noch zu guter Letzt schaden).

Ort, Datum, Unterschrift

Und am Ende bloß keine ehrenrührigen Erklärungen, Versicherungen etc.

… und ein exzellentes, sympathisches Foto

Zum Beispiel (sehr klassisch) oben rechts (Rückseite mit Namen versehen für den Fall der Fälle), gut festgeklebt, nicht geklammert oder gar geheftet (wie gehen Sie mit sich um?).

Ganz bewusst haben wir darauf verzichtet, die einzelnen Bausteine (Themenblöcke etc.) zu nummerieren. Mit größter Wahrscheinlichkeit werden Sie mit

Ihren persönlichen Daten anfangen und mit der Unterschrift aufhören. Die Abfolge ist weitgehend variabel, wie die zahlreichen Beispiele in diesem Buch eindrucksvoll belegen. Und wann Sie die Grund- und Oberschule sowie den Wechsel auf eine weitere vollzogen haben, interessiert den Leser Ihrer Unterlagen angesichts Ihrer heutigen Qualifikation als Diplom-Ingenieur für Mess- und Regeltechnik herzlich wenig.

Viele Angaben im so genannten Lebenslauf sind »Kann-Bestimmungen«. Die Nennung des Familienstandes ist beispielsweise nicht zwingend notwendig. Abzuraten ist von Selbstbeschreibungen wie »geschieden« oder »wiederverheiratet«. Sie schreiben ggf. »verheiratet« oder »unverheiratet«. Besonders Frauen sollten sich davor hüten, die Zahl und das Alter ihrer kleinen Kinder, womöglich deren Namen zu nennen. Andererseits kann es von Vorteil sein, das Alter der Kinder anzugeben, wenn sie aus den typischen Krisenjahren (0–12 Jahre) heraus sind. Auf diese Weise können Sie eventuelle Arbeitgeberängste entkräften, wegen Ihrer Kinder nicht voll einsatzfähig zu sein.

Bei Frauen sind die beruflichen Wege oftmals etwas verschlungen. Hüten Sie sich also vor allzu großer Bescheidenheit. Wenn Sie eine Kinder- und Familienphase hinter sich haben, so gibt es da überhaupt nichts zu verstecken.

Sie waren nicht »Nur-Hausfrau«, sondern sozusagen Chefin eines kleinen Familienunternehmens. Sie haben zu Hause gelernt, einen »Betrieb« am Laufen zu halten und dessen Mitglieder fortwährend zu motivieren. Auf den Gebieten soziale Kompetenz, Organisationsvermögen, Flexibilität, Belastbarkeit und Zeitmanagement macht Ihnen so leicht niemand etwas vor.

Ein Tipp für Hochschulabsolventen: Wenn Sie noch keine Berufspraxis vorweisen können, legen Sie eine Extraseite mit der Überschrift »Praktische Tätigkeiten« bei und weisen Sie auf Kurse, Praktika und Studienschwerpunkte hin. Sie vermeiden so den allzu »dünnen« Lebenslauf, und man kann erkennen, dass Sie nicht »auf der faulen Haut« gelegen haben.

Übrigens: Die Darstellung des beruflichen Werdegangs kann man in der Regel nur ein einziges Mal verwenden. Wenn dieser wirklich überzeugen soll, muss er möglichst individuell und aktuell auf den anvisierten Arbeitsplatz zugeschnitten sein und entsprechend »frisch« wirken. Sie erreichen dies z.B. durch eine andere Schwerpunktwahl bei der Beschreibung Ihrer Arbeitsaufgaben.

Wegen der kleinen Unterschiede zwischen den diversen Bewerbungsmappen, die Sie auf unterschiedliche Arbeitsplatzangebote verschicken, ist es wichtig, immer Kopien anzufertigen, damit Sie sich ausreichend für das – hoffentlich baldige – Vorstellungsgespräch vorbereiten können und wissen, was Ihr Gegenüber von Ihnen in der Hand hat (welche Version Ihres beruflichen Werdegangs).

Ihre »Dritte Seite«

Worum es sich hierbei handelt, haben Sie ausführlich in unseren ausgewählten Beispielen studieren können. Warum ist die »Dritte Seite« ein wichtiger Bestandteil einer Bewerbungsmappe?

Die im Bewerbungsanschreiben vorgetragenen Informationen und »Verkaufsargumente« werden in der Regel vom auswählenden Leser/Arbeitgeber wegen der Vielzahl der eingehenden Bewerbungsunterlagen und des Zeitdrucks viel zu wenig beachtet.

So wird der Text des Anschreibens häufig nur überflogen (30 Sekunden bis maximal 1½ Minuten) – wenn überhaupt – um sich dann der beigefügten Bewerbungsmappe – insbesondere dem Foto des Bewerbers –, seinen Interessen, Hobbys oder sonstigen Kenntnissen, den formalen Arbeits- und Ausbildungszeugnissen zuzuwenden. Dabei geht es immer um die Trias *Kompetenz, Leistungsmotivation* und *Persönlichkeit* des Kandidaten.

Stößt der Personalchef auf die für ihn neue, unerwartete Seite in Ihren Bewerbungsunterlagen mit der »verheißungsvollen« Überschrift …

Was Sie noch von mir wissen sollten …

… wie könnte er da widerstehen? Dieser Text wird bestimmt sehr aufmerksam gelesen und zur Kenntnis genommen. Wem es an dieser Stelle gelingt, in wenigen kurzen Sätzen das richtige Bild zu vermitteln, der kann – wenn die anderen Eckdaten stimmen – mit einer Einladung zum Vorstellungsgespräch rechnen.

Unsere »Dritte Seite« hebt Sie positiv von der Menge der eingesandten Bewerbungsunterlagen ab.

Eine fantastische Chance für Sie als Bewerber, als »Drehbuchautor« und »Regisseur« Ihrer »Verkaufs«- (d.h. Bewerbungs-)Unterlagen.

Diese zusätzliche, sich an den Lebenslauf, beruflichen Werdegang etc. anschließende Seite ist in dieser Form maßgeblich von uns in unserer Beratungspraxis, dem *Büro für Berufsstrategie* in Berlin, entwickelt worden. Vielen von uns betreuten Kandidaten und Bewerbern hat nicht zuletzt die »Dritte Seite« eine Einladung zum Vorstellungsgespräch gebracht. Bereits seit Anfang der Neunzigerjahre praktizieren wir diese Methode mit großem Erfolg.

Etwas bekannter und bereits Bewerbungsstandard ist an dieser Stelle vielleicht eine Extraseite mit der Auflistung von Publikationen, der Skizzierung von besuchten Fortbildungsveranstaltungen, besonderen Arbeitsschwerpunkten oder Projekten, die Sie als geeigneten Kandidaten ausweisen.

Bisweilen wird sogar noch eine Handschriftenprobe abverlangt, und manche Bewerber schreiben dann offensichtlich in Ermangelung kreativer Ideen skurrile Texte aus der Zeitung ab, was auch eine Art »Dritte Seite« darstellt (allerdings sehr unglücklich).

Unsere »Dritte Seite« kann zusätzlich oder statt dessen verwendet werden und transportiert – richtig konzipiert – die entscheidenden Botschaften und Argumente, warum Sie als Bewerber unbedingt in die engere Auswahl gehören, also zum Vorstellungsgespräch eingeladen werden und den vakanten Arbeitsplatz einnehmen sollten.

Thematisch kommen Aussagen zu Ihrer Person, Motivation und Kompetenz in Frage. Versuchen Sie aber bloß nicht, zu viele Informationen auf diese Seite zu pressen, das würde eher einen nachteiligen Eindruck hinterlassen. Schließlich handelt es sich um die »Bonusseite«.

Inhaltlich darf die von Ihnen gewählte Botschaft in Zusammenhang stehen mit Aussagen im Anschreiben, Lebenslauf- und Arbeitsplatzstationen und darüber hinaus noch etwas persönlicher, pointierter formuliert sein.

In Ihrer Überschriftengestaltung sind Sie dabei ziemlich frei. Unsere Beispiele belegen das, und in unseren Spezialbüchern (z.B. *Optimale Bewerbungsunterlagen*, Eichborn Verlag) haben wir dem Thema »Dritte Seite« ein mehrseitiges Kapitel mit vielen Anregungen und Hinweisen gewidmet. Ob Sie dann zum Abschluss Ihrer speziellen, ganz persönlichen »Dritten Seite« mit königsblauer Tinte unterschreiben oder nicht (Ort, Datum?), steht Ihnen frei. Wir jedenfalls empfehlen es.

Neue Möglichkeiten

Auf dem Weg zu einer neuen, spannenderen Präsentationsform können Sie sich gar nicht intensiv genug Gedanken darüber machen, wie Sie Ihren Verkaufsprospekt komponieren. Voraussetzung dafür sind natürlich eine ausführliche Vorbereitung und das Verständnis für die psychologische Leitlinie, Interesse und Sympathie für Ihre Person erwecken zu wollen.

Vernachlässigen wir dabei einmal den wichtigen Verpackungsaspekt (Mappenformwahl) ebenso wie das Bewerbungsanschreiben und verdeutlichen wir noch einmal, dass es neben den typischen und deshalb so bekannten Bausteinen (Lebenslauf, Foto, Zeugnisse) neue, zusätzliche und sehr spannende, weil effektive weitere Komponenten gibt. Wir zählen dazu

- das Deckblatt
- die Inhaltsübersicht
- die Einleitungsseite
- die Seite mit den persönlichen Daten
- der berufliche, persönliche Werdegang (so genannter Lebenslauf)
- die »Dritte Seite«
- evtl. eine Handschriftenprobe
- evtl. Referenzen
- das Anlagenverzeichnis
- Zeugnisse
- evtl. Arbeitsproben

Versetzen Sie sich bitte in der Rolle eines »Filmproduzenten«, der sich für ein besonderes Filmgenre entscheiden muss, sich einen Drehbuchautor und Regisseur sucht, bei der Auswahl des Hauptdarstellers ein entscheidendes Wort mitspricht und mit dem Film seinem Publikum eine spezielle Botschaft vermitteln möchte. Sie sind der Produzent Ihrer Unterlagen, der Drehbuchautor, Sie bestimmen die Dramaturgie und – wenn Sie zum Vorstellungsgespräch eingeladen werden – sind Sie logischerweise der Hauptdarsteller (siehe auch unser Buch *Das erfolgreiche Vorstellungsgespräch*).

Sympathieträger Foto

Zu jeder guten Bewerbungsmappe gehört unbedingt ein gutes Foto. Wer mit seinem Foto Sympathie mobilisieren kann, hat einfach die besseren Chancen, besonders dann, wenn die papierenen Qualifikationsnachweise doch nicht ganz so eindeutig für Sie sprechen. Die Macht der Bilder (hier des Fotos) sollten Sie nicht unterschätzen, und so ist auch an dieser Stelle wieder einmal höchste Sorgfalt und noch etwas mehr (Engagement, Einfühlungsvermögen ...) angezeigt.

Der Weg zur Fotografin, zum Fotografen lohnt sich. Keine alten Fotos, Urlaubsbilder oder gar Schnappschüsse bei der feuchtfröhlichen Familienfeier oder Fotos, auf denen Sie erklären müssen, »das da hinten links bin ich und das vorn ist Vetter XYZ ...«, sondern ein ansprechendes professionelles Foto (Format etwa klassisch 5,5 x 4 cm oder etwas größer, auch ein anderes Format – z. B. quadratisch –, aber bitte nicht gleich Fanpostkarte). Das Farbfoto verträgt am besten dezente Farben bei Kleidung und Make-up. Richtig »verkleiden« müssen Sie sich zum Fototermin natürlich nicht, aber überlegen Sie sich auch hier, welchen Eindruck Sie machen wollen: Übrigens: Wir empfehlen Schwarzweißfotos, und unsere Beispiele hier belegen eindrucksvoll, worauf es ankommt.

Anlagen und andere wichtige Dinge

Bevor der eilige, aber neugierig gewordene Leser Ihrer Unterlagen in Ihre »Anlagen« stolpert, empfiehlt es sich ihn durch eine Zwischenseite mit einer Anlagenübersicht vorzubereiten. Der Leser kann nun schnell entscheiden, ob er sich doch ein etwas älteres Arbeitszeugnis anschaut, weil er die Firma und den Aussteller zu kennen glaubt, oder ob er sich lieber Ihren Fortbildungsnachweisen widmet, weil ihn das Personalführungsseminar beim Seminaranbieter XY schon immer interessiert hat. Überzeugende Beispiele finden Sie im Praxisteil.

Zeugnisse

Obwohl Personalchefs immer wieder behaupten, dass Schulnoten oder Inhalte von Arbeitszeugnissen wenig Bedeutung für die Einstellung eines Bewerbers oder einer Bewerberin haben und dass es letztlich nur um die Kompetenz und den persönlichen Eindruck geht, lässt sich nicht leugnen, dass Zeugnisse bei der Vorauswahl der Unterlagen eben doch einen großen Einfluss ausüben.

Der Gesetzgeber setzt dem Arbeitgeber für das Verfassen von Zeugnissen enge Grenzen. Achten Sie unbedingt darauf, dass Sie ein korrektes Zeugnis erhalten. Nehmen Sie Einfluss, und bestehen Sie ggf. auf einer Änderung, wenn das Zeugnis für Sie unvorteilhaft ist.

Jede/r Arbeitnehmer/in hat einen gesetzlichen Anspruch auf ein Zeugnis. Das Zeugnis muss maschinenschriftlich oder mit Computer geschrieben auf einem Briefkopfbogen des Unternehmens abgefasst sein. Das einfache Zeugnis enthält lediglich Namen und Geburtsdatum des Arbeitnehmers sowie Art und Dauer der Beschäftigung. In einem qualifizierten Arbeitszeugnis (nur auf Verlangen ausgestellt, heute aber der Regelfall) werden Ihre Tätigkeit sowie Ihre Leistung und Führung genau beschrieben.
Folgende Punkte müssen enthalten sein:

- Angaben zur Person, Dauer der Beschäftigung mit genauen Daten
- Darstellung des Arbeitsplatzes und Aufgabengebietes
- Erfahrungen, Kenntnisse und Kompetenz
- Beurteilungen der Arbeitsleistung und Würdigung positiver Eigenschaften des Stelleninhabers
- Bewertung der Lern- und Fortbildungsbereitschaft
- Beurteilung des Verhaltens gegenüber Vorgesetzten, Kollegen, Mitarbeitern und Geschäftspartnern oder ähnlichen Personen
- Angaben über Gründe des Ausscheidens
- Abschließende Dankes- und Wunschformeln für die Zukunft

Der Zeugnisinhalt sollte Sie und Ihre Arbeit wohlwollend darstellen. Die Tätigkeit im Betriebsrat darf nicht erwähnt werden, außer Sie waren als Betriebsratsmitglied über einen wirklich längeren Zeitraum freigestellt.

Falls Sie mit der Beurteilung nicht einverstanden sind, empfiehlt sich zunächst ein Gespräch mit Ihrem Arbeitgeber. Erzielen Sie keine Einigung, können Sie ihn durch eine Berichtigungsklage beim Arbeitsgericht zur Korrektur zwingen, mit dem Ziel, dass Ihnen ein neues Zeugnis ausgestellt wird.

Nehmen Sie sich für ein Zeugnisberichtigungsverfahren einen in arbeitsrechtlichen Angelegenheiten erfahrenen Rechtsanwalt. Sie haben gute Chancen, ein solches Verfahren zu gewinnen, da der Arbeitgeber den Beweis für seine negative Beurteilung zu erbringen hat, was sich in der Regel als sehr schwierig herausstellt. Beachten Sie die Frist, innerhalb der Sie Widerspruch gegen das Zeugnis einlegen können: Sie beträgt zwei Monate.

Es ist nützlich, einige Standardformulierungen in Arbeitszeugnissen und ihre verschlüsselte Botschaft zu kennen, um ihren Aussagewert sicher beurteilen zu können.

Abschließend eine Checkliste, worauf Sie bei Ihrem Zeugnis achten sollten:

1. Formales

- Wurde das Zeugnis computergeschrieben auf Firmenpapier vorgelegt, fehlerfrei, versehen mit Datum (nicht älter als vier Wochen nach Ihrem Ausscheiden) und Unterschrift des Vorgesetzten?
- Sind alle wesentlichen Tätigkeiten aufgeführt?

2. Tätigkeitsbeschreibung

- Sind besonders qualifizierende Tätigkeiten entsprechend dezidiert dargestellt?
- Findet Ihre Teilnahme an betrieblichen Fort- und Weiterbildungsveranstaltungen Erwähnung?
- Ist die Beschreibung Ihrer Tätigkeit Ihren Aufgaben angemessen, ist sie ausführlich genug?

3. Soziale Kompetenz / Verhalten

- Geht aus dem Zeugnis hervor, dass Sie mit Ihren Vorgesetzten, Kollegen und Partnern gut auskamen? Werden Personengruppen ausgelassen? Ist die Reihenfolge korrekt?
- Kommen doppeldeutige Aussagen darin vor?

4. Die Führungsbeurteilung (für Führungskräfte):

- Werden Ihre Leistungs- und Führungsfähigkeit im Text erwähnt und gewürdigt?
- Wie bewertet man Ihren Arbeitsstil?
- Wird Ihr Erfolg uneingeschränkt oder mit Einschränkungen dargestellt?
- Was sagt Ihr Zeugnis über Ihre Fähigkeit aus, andere Menschen zu führen und zu motivieren? Zeigen Sie Delegationsbereitschaft?

5. Auflösungsgrund / Abschluss

- Geht aus Ihrem Zeugnis hervor, dass Sie auf eigenen Wunsch gekündigt haben?
- Wie wirkt die Schlussformel des Zeugnisses? Dankt man Ihnen für Ihre geleistete Arbeit, und werden Ihnen gute Wünsche für die berufliche Zukunft mit auf den Weg gegeben?

6. Gesamteindruck

- In welchem Ton ist das Zeugnis verfasst: wohlwollend oder kühl und knapp, floskelhaft oder persönlich?
- Stimmen Rechtschreibung und Zeichensetzung? (Das heißt, hat man sich genügend Mühe mit dem Zeugnis gegeben?)

Bitten Sie rechtzeitig um Ihr qualifiziertes Arbeitszeugnis (am besten vier bis acht Wochen vor dem Ausscheiden), und nützen Sie die Chance, selbst auch inhaltliche Vorschläge zu machen (siehe auch ausführlich zur Zeugnisthematik unser Buch *Praxismappe für das perfekte Arbeitszeugnis*).

Handschriftenprobe

Sollte in der Stellenanzeige eine Handschriftprobe verlangt werden, so ist davon auszugehen, dass man sich graphologisch mit Ihrer Handschrift auseinandersetzen wird, um etwas über Ihre Persönlichkeitsstruktur zu erfahren. Erst mal: keine Panik. Denn die Relevanz dieser Untersuchungen ist äußerst umstritten, und Ihre Schrift ist ja nicht die einzige Aussage über Ihre Persönlichkeit. Sie sollten diesem Wunsch dennoch nachkommen und Ihren Unterlagen eine Schriftprobe beifügen.

Nützen Sie die Gelegenheit, mit einigen wohlformulierten Sätzen Ihrem speziellen Interesse an gerade diesem Stellenangebot noch einmal Ausdruck zu verleihen!

Referenzen

Eine gute Referenz bietet eine Person aus Ihrem Berufszweig, die schriftlich darstellt, dass Sie genau der/die Richtige für den Arbeitsplatz sind. Am besten natürlich ein Profi der Branche oder jemand, der schon mit dem entsprechenden Chef zusammengearbeitet hat. Das können meist nur Chefs oder andere Vorgesetzte sein, vielleicht in Ausnahmefällen eine Person, die öffentliche Autorität und/oder Kompetenz genießt.

Kennen Sie solche, von Personalfachleuten akzeptierte Personen? Sind Sie sicher, dass diese gern und in Ihrem Sinne bei eventuellen Anfragen positive Auskünfte über Sie erteilen würden? Wenn ja, umso besser, aber sprechen Sie sicherheitshalber die Referenz, insbesondere die wichtigsten Fähigkeiten, mit denen Sie beeindrucken wollen, vorher ab. Üblich ist auch eine kurze telefonische Referenz über Sie. Klären Sie diese Möglichkeit ab, und bieten Sie sie offensiv an.

Haben Sie Zweifel, ob Sie jemanden um diesen Gefallen bitten können? Dann hilft nur eins: potenzielle Aussteller von Referenzen ansprechen und es herausfinden. Fällt Ihnen niemand ein, den Sie als akzeptablen Fürsprecher benennen können – plagen Sie sich nicht.

Arbeitsproben

In diesem Stadium sind Arbeitsproben eigentlich noch kein Thema. Aber denken Sie daran: Ihre kompletten Bewerbungsunterlagen sind bereits eine erste Arbeitsprobe! Wenn Sie sich bei der Bewerbung Mühe geben, werden Sie sich auch bei der Arbeit Mühe geben, ist die Folgerung. Reagieren Sie schnell auf eine Stellenanzeige, heißt das, dass Sie wichtige Dinge nicht auf die lange Bank schieben, ggf. aber auch, dass Sie es nötig haben (also besser nicht gleich am nächsten Tag nach Erscheinen der Anzeige schreiben). Gut formulierte und strukturierte Bewerbungsunterlagen sprechen für die Klarheit des Denkens.

Eine Ausnahme bilden kreative und wissenschaftliche Berufe. Werbeleute oder Grafiker können beispielsweise auf eine Anzeigenkampagne hinweisen, die sie entworfen haben. Wissenschaftler fügen Fachartikel bzw. eine Publikationsliste bei. Aber wie gesagt: Das sind die Ausnahmen. Generell gilt: Heben Sie sich die konkreten Arbeitsproben für einen späteren Zeitpunkt auf. Wenn Sie die nächste Stufe, das Vorstellungsgespräch, erreicht haben, können Sie eventuell geeignete Arbeitsproben mitbringen.

Zu guter Letzt: die Formulierung Ihres Bewerbungsanschreibens

Ihr Werbeprospekt ist fertig, Ihre Bewerbungsmappe ist perfekt. Ihr Kommunikationsziel, Ihre Botschaft, Ihre Verkaufsargumente stehen schwarz auf weiß und überzeugend auf dem Papier.

Nehmen Sie unbedingt Bezug auf den Text im Stellenangebot oder den sonstigen Bewerbungsanlass.

Auf den Punkt gebracht: Welche Argumente sprechen dafür, dass Sie der richtige Bewerber für die zu besetzende Stelle sind? Auf welche Qualitäten (Kenntnisse, Fähigkeiten, Eigenschaften), die z.B. den im Anzeigentext genannten Forderungen entsprechen, können Sie verweisen?

Warum bewerben Sie sich (Motivation), was ist Ihr Ausgangspunkt, und welche Ziele haben Sie? Ab wann sind Sie verfügbar?

Nach diesen vier, maximal acht gut formulierten, überzeugenden Sätzen endet Ihr Bewerbungsanschreiben mit der Bitte um ein Vorstellungsgespräch, der Grußformel, Ihrer Unterschrift und dem Hinweis auf die Anlagen.

A und O

Das A und O beim Bewerbungsanschreiben sind ein gelungener »Auftakt« und ein guter »Abgang«, z.B. in Form eines sinnvollen PS.

Aller Anfang ist schwer – und gerade beim Bewerbungsanschreiben ist eine gute Eröffnung, ähnlich wie beim Schach, sehr wichtig. Typische und sehr langweilige Eröffnungen sind: »Hiermit bewerbe ich mich um ...« oder »Ich beziehe mich auf Ihre Anzeige ...«.

Beim Briefende werden schon weniger Fehler gemacht, aber auch dabei gilt es, verbindlich-freundlich und gut zu formulieren.

Sonderformen der schriftlichen Bewerbungen

Nach den häufigsten Bewerbungsformen hier noch einige Sonderformen:

- die Bewerbung auf eine Chiffre-Anzeige
- die Kurzbewerbung
- die unaufgeforderte Bewerbung

Chiffre-Anzeigen haben die Funktion, den Inserenten und potenziellen Arbeitgeber zunächst anonym zu lassen, ihn zu schützen. Dies geschieht in der Regel aus folgenden Gründen: Man möchte die durch ein zu frühes Bekanntwerden des »Personalkarussells« (einige springen auf, andere fliegen runter) ausgelöste Unruhe unter den Mitarbeitern vermeiden; man expandiert, verändert das Gefüge in den Abteilungen und will dies nicht jeden (insbesondere nicht die Konkurrenz) wissen lassen; man hat als Unternehmen einen unbedeutenden Namen oder ein beschädigtes Image und versucht auf diese Weise, eine mögliche Bewerbungshemmschwelle zu umgehen.

Auf Chiffre-Anzeigen kann man mit einer *Kurzbewerbung* reagieren. Eine Kurzbewerbung enthält lediglich das Bewerbungsanschreiben mit allen oben dargestellten wichtigen Fakten und Argumenten zu Ihrer Qualifikation und Bewerbungsmotivation, jedoch bis auf einen eventuell beigefügten so genannten Lebenslauf, besser beruflichen Werdegang (Kurzfassung), mit Foto noch keine weiteren Unterlagen. Es ist sogar durchaus üblich, lediglich ein ein- bis eineinhalbseitiges Anschreiben zu verschicken und bei der Kurzbewerbung zunächst auf die Anlagen zu verzichten. Im Bewerbungsanschreiben sollte jedoch die Formulierung enthalten sein, dass Sie auf Wunsch gerne die ausführlichen Bewerbungsunterlagen nachreichen.

Um das Risiko, sich bei dem eigenen Unternehmen zu bewerben, auszuschalten, kann man die Bewerbungsunterlagen mit einem Sperrvermerk kennzeichnen: Die Bewerbungsunterlagen für die Chiffre-Anzeige kommen in einen Umschlag, der dann nicht wie üblich mit Name und Anschrift des Empfängers beschriftet, sondern lediglich mit folgender Aufschrift versehen wird: »Für die Chiffre-Anzeige AAA in der Zeitung BB vom CCC.« Dieser Umschlag wird zusammen mit einem Begleitschreiben an die Anzeigenabteilung der betreffenden Zeitung in einen größeren Umschlag gesteckt, der lediglich Adresse und Anschrift der Zeitung sowie den Vermerk »Anzeigenabteilung« enthält, jedoch nicht die Chiffre-Nummer.

Das Anschreiben an die Anzeigenabteilung enthält die Bitte, die Bewerbungsunterlagen in dem separaten Umschlag nur dann weiterzuleiten, wenn es sich bei dem Anzeigen-Auftraggeber nicht um die Firma (bzw. Firmen) X, Y, Z handelt. Andernfalls bittet man um Rücksendung mit dem Zusatz »Porto zahlt Empfänger« bzw. bereitet dafür einen entsprechenden Umschlag mit Rückporto vor.

Die *Kurzbewerbung* kann auch bei einer unaufgeforderten Initiativbewerbung angemessen sein (bloß keine »Blindbewerbung«). In diesem Fall dient die Kurzbewerbung beiden Seiten dazu, die Chancen für ein weiterführendes Bewerbungsverfahren auszuloten.

Die *Initiativbewerbung* muss natürlich ganz besonders die Dramaturgie der AIDA-Formel berücksichtigen. Hier geht es vor allem darum, einen Bedarf zu wecken und einen besonders guten »Verkaufsprospekt« in eigener Sache zu entwerfen.

Zur Form der schriftlichen Bewerbung

Zuvor noch ein Wort zur Verpackung: Das, was Sie inhaltlich mit Phantasie und Sorgfalt zu Papier gebracht haben, muss entsprechend einen formalen Rahmen finden. Wählen Sie daher Papier, Mappe und Versandumschlag mit großer Sorgfalt aus. Hier geht es wie beim Layout Ihrer Texte um die Ästhetik. Eine angemessen erscheinende Präsentationsform, die Entscheidung für das richtige Bindesystem werden Ihnen in einem Fotokopierladen, der in der Regel über eine größere Palette von farbigen Papiersorten bis hin zu den unterschiedlichsten Bindesystemen verfügt, viel leichter fallen.

Schnellhefter, Klemm-Mappen und Klarsichthüllen, die Präsentationssysteme der Sechziger- bis Achtzigerjahre, sind nicht zu empfehlen. Ob Thermo- oder Spiralbindesystem, Karton- oder Plastikumschlagdeckel – es gibt eine schier unglaubliche Palette an Möglichkeiten, die Ihre Unterlagen in das richtige formale und ästhetische Licht rücken.

Immer wieder werden bei der schriftlichen Bewerbung Formfehler gemacht. Hier allgemeine Empfehlungen für die Gestaltung der Bewerbungsunterlagen:

- Verwenden Sie für Bewerbungsanschreiben und Lebenslauf nur gutes weißes oder dezent getöntes, nicht liniertes DIN-A4-Papier, das Sie nur einseitig beschreiben.
- Eigenes Briefpapier mit Name und Anschrift ist nur bei Bewerbungen mit einem überdurchschnittlich hohen Jahreseinkommen zu empfehlen (ab etwa 35.000 Euro Jahresgehalt); bei deutlich geringer bezahlten Arbeitsplätzen riskiert der Bewerber möglicherweise eine Negativbewertung.
- Benutzen Sie für beide Schreiben beste Druckqualität beim Computerausdruck.

- Rechtschreibung und Zeichensetzung müssen einwandfrei sein (Achtung: die Regeln bei der neuen oder alten Rechtschreibung einheitlich anwenden).
- Achten Sie auf eine übersichtliche, klare Gliederung.
- Achten Sie auf gute Platzeinteilung und angemessene Ränder (ca. 4 cm links und ca. 3 cm rechts).
- Flecken, Eselsohren, zerknülltes Papier fallen extrem negativ auf, aber alles in Klarsichtfolien »einzuschweißen« ist auch keine Lösung. Der schlimmste Fall wäre, alle Unterlagen in eine Hülle zu zwängen, aus der sie der Personalchef dann nur mühsam hervorzerren kann.
- Das Anschreiben lose, die anderen Unterlagen am besten in einen Hefter Ihrer Wahl einheften. Etwas edlere Mappen, Klemm-Mappen und Einlegesysteme (z.B. Thermo-Bindesysteme, Vollmappen, Spiralbindesysteme usw.) bieten sich je nach Bewerbungsvorhaben an. Giftgrün oder pink sind eher ungünstig, weiß ist neutral, dazwischen gibt es eine große dezentbunte Farbpalette. Verzichten Sie auf Muster und alle Arten von Gags.

Hier ein Grobraster für die Reihenfolge der Unterlagen:

- so genannter Lebenslauf (mit Foto)
- evtl. Handschriftenprobe
- Arbeitszeugnisse als Kopien in chronologischer Reihenfolge, begonnen wird mit dem zeitlich letzten Arbeitszeugnis
- Schul- und Ausbildungszeugnisse, Abschlüsse usw.
- weitere Unterlagen (s.o.)

Generell gilt: je wichtiger die Unterlage, desto weiter vorne abheften.

- Für die Anlagen (Zeugnisse usw.) nur gute, neue Fotokopien verwenden. Achtung: Verwenden Sie keine Originale von Zeugnissen oder Bescheinigungen; Anschreiben, Lebenslauf und Handschriftenprobe müssen jedoch unbedingt Originale sein!
- Machen Sie sich Fotokopien von allen Unterlagen, die Sie verschicken, damit sie nach sechs oder acht Wochen noch wissen, was man von Ihnen weiß.
- Verwenden Sie für die postalische Zusendung aller Unterlagen einen stabilen DIN-A4-Umschlag mit kartoniertem Rücken; das Bewerbungsanschreiben lose auf die Mappe legen.
- Achten Sie auf korrekte Umschlaggestaltung – keine Experimente bei Adresse, Absender, Briefmarkenpositionierung. Verwenden Sie keine Aufkleber, egal ob für Frieden, Umwelt oder Weihnachten.
- Versandart: ganz normal, nicht Express (zu sehr drängend) oder gar Einschreiben-Rückschein (Zwangscharakter).
- Wichtig: die richtige Frankierung.

Von Nachfass- und Absage-Antwort-Briefen

Auf den Seiten 44 und 122 werden Ihnen zwei besondere Schreiben aufgefallen sein, die so genannten Nachfassbriefe: Hierbei geht es im Wesentlichen darum, nach einem Vorstellungsgespräch in kurzer Form (eine Seite reicht vollkommen aus) noch einmal zu verdeutlichen, was Sie motiviert, sich für diesen Arbeitsplatz beworben zu haben, was Sie besonders qualifiziert, und – wenn nötig – eventuell aufgetretene Einwände gegen Sie zu entkräften. Ein guter Nachfassbrief wird Ihr Bewerbungsvorhaben einen gewaltigen Schritt nach vorn bringen.

Aber selbst bei einem Absageschreiben – bevor es zu einer persönlichen Begegnung gekommen ist – könnte ihr Antwortbrief, richtig formuliert und terminiert, die Weichen durchaus noch einmal neu stellen. Voraussetzung: Sie haben wirklich etwas anzubieten.

Mehr zu diesen wichtigen Themen, aber auch zu der gezielten Unterstützung bei der Vorbereitung, finden Sie in unserem im Anhang aufgeführten Spezialbüchern. Hier präsentieren wir Ihnen auch alle Fragen, die in einem Vorstellungsgespräch auftauchen können.

Sollte es wider Erwarten nicht geklappt haben, kommt es auf die Analyse der Situation an. Was können Sie daraus lernen, was gilt es zu verbessern? Versuchen Sie, sich gerade jetzt als Gewinner zu betrachten: Sie haben nicht gekniffen, sondern sich der Situation gestellt; Sie haben Erfahrungen gesammelt, die Sie nutzen werden; wer weiß, was Ihnen bei dem Arbeitgeber erspart geblieben ist. Denken Sie an diesem Tag wie Woody Allen, der in einer ähnlichen Situation nach einer Absage mal gesagt hat: »Ich möchte gar nicht in einer Firma arbeiten, die Leute wie mich einstellt.«

Was Sie noch wissen sollten ...

Das Autorenteam Hesse/Schrader ist seit über 15 Jahren auf dem Sektor der Bewerbungsratgeber sowie zu weiteren Themen aus der Arbeitswelt publizistisch tätig und hat im Laufe dieser Zeit mehr als 60 Bücher veröffentlicht. Am Anfang stand die erstmalige Veröffentlichung aller gängigen so genannten Intelligenztests und deren kritische Reflexion in dem Buch *Testtraining für Ausbildungsplatzsuchende* (1985). Ebenfalls Neuland zum Bereich »Überleben in der Arbeitswelt« erschloss ihr Buch *Die Neurosen der Chefs – die seelischen Kosten der Karriere.*

Von besonderem Interesse für den Leser dieses Buches dürfte auch das umfassende *Hesse/Schrader Bewerbungshandbuch* sein. Auch die Bücher *Networking als Bewerbungs- und Karrierestrategie* , *Das erfolgreiche Stellengesuch* , *Telefonieren – der direkte Weg zum neuen Job* behandeln Themen, die Bewerbungsvorhaben innovativ unterstützen. Weitere sehr hilfreiche Bücher sind *Optimale Bewerbungsunterlagen: Strategien für die Karriere,* die *Praxismappe für das perfekte Arbeitszeugnis* (ebenfalls im Din-A4-Format), genauso wie *Das erfolgreiche Vorstellungsgespräch.*

Beide Autoren verfügen über eine langjährige Erfahrung als Seminarleiter bei Bewerbungstrainings. Ein besonderes Interesse gilt der gewerkschaftlichen Bildungsarbeit in Form von Anti-Mobbing- und Konfliktmanagement-Seminaren.

1992 gründeten sie in Berlin das *Büro für Berufsstrategie,* das ausschließlich Arbeitnehmer in allen erdenklichen beruflichen Fragen berät und unterstützt. Mehr als 15 Jahre Buchpublikationen und bald zehn Jahre tagtägliche Beratungsarbeit mit Kandidatinnen und Kandidaten, die das *Büro für Berufsstrategie* in Berlin aufsuchen, zeichnen die Autoren als kompetent und praxiserfahren aus.

Wenn Sie persönliche Anregungen wünschen, Rat und Unterstützung brauchen, wenden Sie sich bitte an das *Büro für Berufsstrategie.*